考えるから速く走れる

ジャガーのようなスピードで

浅野拓磨
Takuma Asano

KADOKAWA

夢中でボールを追いかけた
小学生時代

四日市中央工業高校への進学を薦めてくれた内田先生と

2016シーズンはサンフレッチェ広島で10番を背負う

ブンデスリーガ・VfB シュトゥットガルトで奮闘（提供：アフロ）

勢揃いした７人兄妹

テーマパークでも家族みんなで仲良く

ドイツを訪れた母親と末っ子の妹とともに（撮影：千葉 格）

はじめに

二〇一八年三月十五日、ベルギー遠征に臨む日本代表メンバーのリストに、ぼくの名前はありませんでした。ただ、ほとんどわかっていたことだから、特別な驚きはなかった。

もちろん、悔しさはちゃんとあって、それは思っていたとおりでした。でも、その悔しさが自分が考えていたよりも大きかったのは、少し想定外。とはいえ、たとえどんな厳しい状況に置かれても、ぼくのなかで何かをあきらめるという選択肢は、これまでも、これからもありません。ぼくの取り柄は、七人兄妹を育て上げた大家族のお母さんから受け継いだ「超ポジティブ」ですから。

四中工（四日市中央工業高校）を卒業し、プロになってからは自分でもびっくりするくらいの大きな変化を経験しました。ぼくはよく「足が速い」といわれますが、まさにそれはものすごいスピードでした。

サンフレッチェ広島で結果を残して背番号10番を背負わせていただき、二〇一六年にはイングランド・プレミアリーグのアーセナルFCに完全移籍。レンタル移籍したドイツ・ブンデスリーガのVfBシュトゥットガルトでは、二部で優勝を経験しました。

リオデジャネイロ五輪のアジア最終予選では、決勝の韓国戦で二ゴール。五輪では残念ながら一次リーグ敗退の悔しさを味わいましたが、二〇一七年八月のロシア・ワールドカップ最終予選のオーストラリア戦では、待望の先制点を挙げることができました。数年前の自分がいまの自分を見たら、きっと驚くことでしょうね。

そうしてプレーする場所や環境が変わるたび、日本人としてはたぶんトップレベルの〝自信家〟である自分の思い、考え、サッカー選手としてのプレースタイルが、どんどん確信へと変わっていきました。この段階では、読者の方はまだピンとこないかもしれませんが、ぼくはサッカーについても、それ以外についても、なぜだろう、どうしてだろうと徹底的に考える人間です。サンフレッチェ広島でとてもお世話になった森保一《もりやすはじめ》監督からは、帯の推薦文でそれを「真摯《しんし》に考え抜く力」とポジティブに表現していただきましたが、読者の方がこの本を読み終えたときには「こいつ、そうとう変わってるな」とあきれられるかもしれません。一つのことを考えはじめると、次々に妄想が浮かんでくるタイプなんです。

それがそのままかたちになったような本ですが、何をどのように考えて生きてきたのか、という生い立ちから、「ジャガー」と呼ばれるぼくが試合中にどんな風景を見ながら、何を思考し、どう走っているのか、ということまでを、うまく伝えられたらと思っています。ぼくに興味をもってくれている方にも、サッカーを観るのが好きな方にも、そしてワールドカップに関心がある方にも、きっと楽しんでもらえることでしょう。サッカー日本代表ではまだ末席にいるだけですが、そんなぼくが見た日本代表のリアルについても、自分なりの言葉で表現してみました。

ぼくは「感謝」という言葉が好きです。いたって普通の言葉ですが、もちろんそれも「なぜ感謝が必要なのか」と自分なりに考え抜いた結果、この言葉を大切にしなければならない、と思ったから。その真意は本のなかで語りたいと思いますが、愛すべき家族、大好きなサンフレッチェ広島の人たち、応援してくれるファン、そしてこの本を手にとっていただいたすべての方に「感謝」しながら、話を始めたいと思います。

考えるから速く走れる　目次

第1章 最強のメンタルを求めて

第2章

すべては広島から始まった

第3章

浅野家に生まれた奇跡

第4章

ブンデスリーガ奮闘録

第5章 浅野拓磨の「自分らしさ」

<< 目次

第6章 サッカー日本代表のリアル

終章 人生を全速力で駆け抜ける

第1章

最強のメンタルを求めて

内田篤人からのLINEメッセージ

二〇一六年五月。

翌六月のキリンカップに向けた事前合宿。ぼくにとってそれは、前年の東アジアカップに続く、二度目の日本代表でした。

当たり前だけど、ものすごく緊張していました。合宿には本田圭佑《けいすけ》さんや香川真司さん、長友佑都《ゆうと》さんたちバリバリの海外組がいて、そんなところに、同じウェアを着た自分がいるのが不思議で仕方なかった。ああいうとき、ほんとうは自らコミュニケーションをとりにいったほうがいいんだと思います。でも自分はそういうタイプじゃないし、とにかくみんなのオーラがすごくて、なかなかそうはできなかった。

もちろん、気軽に話しかけてくれた先輩もいました。内田篤人《あつと》さんです。

「あとでおれの部屋に来いよ」

「いまから風呂行くけど?」

やっぱりカッコいい。思わずそう感じましたが、エピソードは、それだけじゃありません。

〝新入り〟だったぼくは、食事会場で恒例の一発芸を披露しました。意外に思われるかもしれないけれど、そういうのは嫌いじゃないし、やるときは思い切りやります。だから全体的にウケました。なかでも内田さんは、誰よりも大袈裟に、ゲラゲラと笑ってくれた。その姿が目に飛び込んできて、「なんていい人なんや」とあらためて感動したのです。だから翌日、ぼくは記者のみなさんに「内田選手がカッコいいのは顔だけじゃない」と話しました。まさか、それが記事になるとは思わなかったけれど。

キャンプでは、いろいろな話をさせてもらいました。

そのときのぼくは、ものすごく疲れていたんです。

前年にはサンフレッチェ広島でたくさん試合に出させてもらい、チームはJリーグで優勝、ぼくはベストヤングプレーヤー賞をいただくことができました。リーグ戦ではほとんどが途中出場だったけれど、自分にとっては初めての経験が続き、疲労感が抜けなかった。さらに年代別代表の一員としてリオデジャネイロ五輪のアジア予選を戦ったことで、休みはほとんどありませんでした。だからコンディションは万全ではなく、キャンプでは別メニューでの調整が続きました。

でもそのおかげで、膝のケガを抱えていた内田さんと話す時間が増えた。そのときにはたしか「大きなケガになる前にちゃんと休め」「お前はおれみたいなケガをするなよ」といわれた記憶があります。

合宿を経て、迎えた六月のキリンカップ。

初戦のブルガリア戦は途中出場でした。後半十四分から途中出場し、自分でもらったＰＫを決めて代表での初得点を記録することができました。

続くボスニア・ヘルツェゴビナ戦はスタメン出場。あの試合については、もしかしたら覚えている人もいるかもしれません。ぼくにとっては、おそらく一生忘れられない試合です。

試合終了間際。スコアは１－２。清武（弘嗣《ひろし》）さんからのパスでフリーになったぼくは、ＧＫと一対一の場面でパスを選択しました。そのパスが相手にカットされて、同点にする絶好のチャンスを逃してしまった。

もちろん、シュートを外してしまうことを恐れてパスを選択したわけではありません。ぼくはぼくなりに、パスを出したほうがゴールの可能性が高いと判断して、シュートを打たなかった。

ヴァヒド・ハリルホジッチ監督（当時）には、とにかく「裏を狙え」といわれていました。だからその一つ前のプレーでも相手の裏をとって、コースは限定されていたけれど、少し強引にシュートを狙った。

そのときのぼくは、なか（ゴール前）の状況が見えていなかったんです。ボールが来たら絶対にシュートを打とうと考えていたから、ほとんど迷うことなくシュートを選択した。でも、そのシュートは相手の足に当たってゴールラインを割った。なかを確認すると青いユニフォームの選手が二人いました。

その瞬間、「パスを出していたら入っていたかもしれない」という思いが頭をよぎりました。そうしたプレーがあったあとに、あの決定機を迎えたんです。

ピッチの中央からぼくがいた右サイドに斜めのスルーパスが出て、最終ラインの背後を狙った自分の足元にボールが転がる。ゴールを見ながらトラップして、シュートまでもっていけると思いました。ただ、その前のプレーとは違ってなかを見ようとする意識があったから、はっきりゴール前の状況を確認することもできた。誰かはわからないけど、パスを受けようとする選手が二人、走っていました。

「より確実なプレーを」という思いで、ぼくはパスを選択しました。だけど、そのパスは通らなかった。

ゴールにつながらなかった責任の重さを痛感して、試合終了直後にぼくは泣いてしまいました。心の整理がつかなかったから、できることならメディアの取材を受けるミックスゾーンを通りたくなかった。でも、それを避けることはできません。当然のようにメディアのみなさんから、あのシーンについてコメントを求められるなかで、こう話しました。

「パスを選択したことを後悔している。シュートを打てばよかった」

何度も、何度も呼び止められました。だから、何度も同じ話をしました。

ようやくミックスゾーンを通り抜けてバスに乗ると、いくつかのＬＩＮＥメッセージが届いていることに気づきました。そのうちの一つが、内田さんからでした。

「みんなよくあるミス。シュート打てば良かったなんて言うなよ。横に（パスを）出したほうがゴールの確率が高いと思ったから出した。後悔はしていないくらい強気でいけ。嘘でもいいから。初ゴール初スタメンおめ」（原文一部ママ）

そのメッセージを見て、ジワッときてしまった。

ほんの数分前、ぼくはメディアに向かって「後悔している」といったばかりでした。もちろん内田さんは、ぼくがそう話したことを知りません。

「後悔している」といったことを、ぼくはすぐに後悔しました。

「後悔している」と話したことを大後悔

ゴールに結びつかなかったという〝結果〟だけを考えれば、正直、「シュートを打ったほうがよかった」という思いがなかったわけじゃありません。でも、それはあくまでも結果論。じつは、あのときの自分の判断が間違っていたとは思いません。

あの一瞬で、いろいろなことが頭をよぎりました。

初の日本代表。1－2で負けている状況。チームとしても、もちろん個人としても結果を残したい。そうした状況で、決定機を逃した一つ前のプレー。目の前にはGKが立っていて、シュートコースをふさいでいました。

自分なりに何をすればゴールの可能性が高いかを判断して、パスを選択したわけです。

そこでぼくが反省し、修正しなければならないのは、自分の判断に対するプレーの精度を上げること。つまり、もっといいタイミングで、もっとうまくパスを出すことができれば、必ずゴールにつながっていた。いまでもそう信じています。

だからこそ、メディアに対してその瞬間の感情だけで「後悔している」と話してしまったことを、いまでも後悔しているんです。自分のなかで可能性が高いと思えるプレーを選択したのだから、自信をもってそう答えるべきだった。内田さんのいうとおり、あのときのぼくは「後悔している」なんていうべきじゃなかった。

メンタルが強い――。

内田さんに対しては、初めて会う前からそう思っていました。海外で活躍している人はみんなメンタルが強そうだけど、内田さんはとくにそうだと感じていたのです。ただ、それは内田さん自身の内面から来ているものなのか、それとも長く日本代表や海外のクラブでプレーしてきたことで培《つちか》われたものなのかはわかりませんでした。

もちろん、内面の強さもあるでしょう。でも、あのメッセージを見たとき、ぼくは考えました。もしかしたら、内田さんもぼくと同じような経験を積みながら、少しずつメンタルを強くしていったんじゃないか。

次にこう考えました。いまの自分のメンタルじゃ、まったく通用しない。日本代表で生き残るためには、強い覚悟がなきゃいけない。いまのおれ、めっちゃ弱いな――。

もちろん自分が「このままでいい」と思える部分もあります。先ほどもお話ししたように、ぼくはあのとき、あのプレーの判断が正しかったと信じています。だから、プレースタイルを変えるつもりはありません。

もし、もう一度まったく同じ場面を迎えたとして、迷うことなくシュートを選択するのは、自分のプレースタイルそのものを変えてしまうことだと思います。たしかに、ときにはそれも必要でしょう。でも、それよりもっと大切なのは、自分のプレー、自分の判断を信じる強いメンタルをつくり、自分が考えて出した結論のプレー精度を上げること。状況を見極め、判断して、そのうえでパスが正解だと思えばパスを出す。シュートが正解だと思えばシュートを打つ。そのプロセスがなければ、自分じゃなくなってしまいます。

あの一つのプレーの結果によって、ぼくのメンタルはどん底にまで落ちました。でも、あのプレーに対する内田さんからのメッセージには、ぼく自身が成長するためのヒントが詰まっていました。

内田さんは、本質的に強い人だと思います。でも、日本代表の一員として長く生き残り、海外であれだけの実績を残すためには、本質的な強さだけでは足りない。それだけじゃ、たぶん耐えられない。だから、その強さの半分は、経験によって培われたものじゃないかとも、いまでは思えます。

あのとき内田さんがくれた言葉がなければ、たぶんいまのぼくはいません。「後悔しています」といってしまったことに対して、ぼくはたぶん、これから先もずっと後悔しつづけるでしょう。でも、自分にとってあれほど大きな意味をもつ後悔は、ほかにはありません。

選手としての自信を失ったことはない

あれだけのことがあって「プレースタイルを変えない」といっているのだから、「頑固なヤツだ」と思われるかもしれません。実際に、自分でもそう思います。小さいころからずっとそう。表には出さないけれど、自分のなかにある芯《しん》だけはブレないようにと心がけてきました。

だから、自分に対する自信だけは、ずっと持ち続けています。

そうじゃないと、この世界では生き残れない。自信がなければサッカー選手にならなかったと思うし、いまより〝上〟をめざしつづけることも、自分に自信がなければできません。

小学生だったころのぼくは、「自分が一番」と思っていました。サッカーで「かなわない」と思った相手に出会ったことがなかったから、日本の広さも、世界の広さもわからずに「自分が一番」だと信じていた。

初めて不安を抱いたのは、中学二年のころだったと思います。

サッカーのレベルが上がって、周りの子たちの身体が大きくなって、「かなわないかもしれない」と思う回数が少しずつ増えてきたからです。地域の選抜チームや三重県の選抜チームに入ると身体能力に恵まれた選手が目立つようになり、スピードだけでは通用しなくなってきたのです。

プロになるのは簡単じゃない。もしかしたら、ムリかもしれない。

そう感じはじめたのが、このころでした。

それでもぼくは、「絶対にプロになれる」と自分に言い聞かせてきました。自分より評価されている選手に対しては、心のなかで「見とけよ！」と叫んでいた。友だちやチームメイトに「絶対にプロになれる」と断言したことはありません。でも、家に帰れば、家族には「おれは絶対にプロになる」と言い続けていました。

この本を読んでくれている方はご存じかもしれませんが、浅野家は男六人、女一人の七人兄妹で、いわゆる大家族です。三男であるぼくを含め、男兄弟は全員サッカー少年。お父さんも学生時代にサッカーをやっていたくらいだから、家のなかではいつもサッカーの話題で持ち切りでした。

テレビにサッカー選手が映れば、お母さんはいつも「いつかアンタらも」という。それに対して、兄弟全員が「絶対にプロになる」と返す。そんな環境で育ってきたからこそ、競い合う相手が身内にいて目標を口に出し続けてきたからこそ、プロになるのをあきらめたことは、一度もありません。

いまになって振り返れば、やっぱり、そうやって目標を口に出すことがとても大切だと思います。ぼくの場合はとくに、兄弟が競い合うように「プロになる！」と口に出し続けてくれたからこそ、心のなかで「難しい」と思うことがあっても最後まで踏ん張れた気がします。

子どものころ、もし自分が目標を口に出せない子だったら、自分の限界を勝手に決めて、どこかのタイミングでブレーキを踏んでしまっていたかもしれません。「無理だな」と思ったら、そこで終わり。プロになれたいまだからこそ、あらためてそう思います。

中学三年になると、自分がどんどん成長していると実感できる時期がありました。チームは県大会で優勝し、ぼくは高校一年の三重県選抜に入ることができました。

進路を決めるにあたって、ぼくはどんな環境でも、どんな学校に行っても、プロサッカー選手になるための道はあると思っていました。強豪校に行ったからといってプロになれるわけじゃないし、逆に全国大会とは無縁のチームに行っても、自分さえしっかりしていれば、絶対にそうなれると信じていたのです。

いまになって思えば、あまり合理的な考え方ではなかったかもしれません。でも、当時は本気でそう信じていたし、頭のどこかには経済的な理由もありました。強豪校に行けばそれなりのお金がかかる。お父さんとお母さんに迷惑をかけたくないし、兄弟にもサッカーを続けてほしい。だから、担任の先生にはこう伝えました。自分は絶対にプロのサッカー選手になるから、高校なんてどこでもいい、と。

担任の先生も、サッカー部の顧問だった内田先生も、三重県内では圧倒的に有名な四中工に進学することを薦めてくれました。だけど、当時のぼくには「もしかしたらプロになれないかもしれない」という思いも心の隅っこにはあって、覚悟を決めることを躊躇《ちゅうちょ》する部分があった気がします。四中工に行ってしまったら、プロの道をめざすしかない。自分のわがままで家族に三年間も迷惑をかけて、もしプロになれなかったらどうしよう……。

ほかの高校に進学することを、プロサッカー選手になれなかったときの逃げ道にしようとしていたのでしょう。もしサッカー選手になれなかったら保育士になって……少しだけ、そうした考えも頭をよぎりました。

そうしたぼくの気持ちを先生たちはちゃんと理解してくれていた。だからこそ、あえて「お前の気持ちはそんなもんなのか！」といってくれたんです。こちらも本気でしたから、「そんなもんなわけありません！」と言い返した。

サッカー部の内田先生は、両親とも何度も話をしてくれたし、最後まで四中工に行くことを薦めてくれました。

「三年間だけ親に我慢してもらって、三年後から恩を返せばいい」

家族に対するぼくの気持ちを察して、そういってくれたのです。

ぼくの頭のなかにあったモヤモヤは、このひと言で一気に吹き飛びました。たしかにそのとおりだ。三年後にプロになって、それから恩を返させてもらおう。そのために、本気で頑張ろう。

内田先生の言葉で、覚悟が決まりました。あれ以来、サッカー選手としての自信を失ったことはありません。

あえて強い言葉を口にしてきた先輩たち

サンフレッチェ広島でも、根拠のない自信だけは一年目からもっていました。だから、たとえコンディションがよくないときでも、つねに前向きな発言をしようと決めていました。試合に出て、ゴールをとれなくても「次は絶対にとります」と言い続けてきた。そのころにはもう、子どものころからそういうメンタリティーがあったからこそ、プロの世界にたどり着くことができたと理解していたからです。

もちろん、ときに自分の力を疑ってしまう弱い自分がいることも知っています。だからこそ、わざと前向きな言葉を口に出して行動に移すことだけを考えてきました。

メンタルが飛び抜けて強い選手じゃないからこそ、あえて自分の言葉にしてポジティブなイメージをつくり、それを追いかけることを力に変えていくしかない。とはいえ、結果を出していないのに「次は絶対にとる」と言い続けていたわけですから、あのころのぼくは「コイツ、生意気だな」と思われていたことでしょう。

そうやってぼく自身が「弱い自分を強く見せる」タイプだからこそ、真の意味でメンタルが強い人というのは、もっと自然に、心から本音で、「次は絶対にとります」といえる人のことだと、当時は考えていました。

初めて日本代表の一員としてピッチに立ったときの感覚を、ぼくは忘れません。

日の丸を背負って、国を代表して戦うこと。日本中の〝目〟を感じながらプレーすること。緊張感と責任感。それぞれに背負っているもの。そこで求められるメンタリティーは、それまでの自分が想像していたもの、もっていたものとは明らかにレベルが違いました。

日本代表は次元が違う。素直にそう感じたんです。

だからこそ、この舞台で長くプレーしてきた先輩たちは、本質的にとんでもなく強いメンタリティーをもっているに違いない、とぼくは思いました。

でも、あの日、内田さんからもらったメッセージは、それを否定するものだった。

内田さんのように日本代表の中心で長く戦ってきた選手でも、本質的なメンタリティーはぼくと大差がない。このレベルで戦ってきた人たちでも、自分と同じように、あえて強い言葉を口にしながら難しい状況を乗り越えてきたんだ、と。

そう悟ったとき、さらに自分自身の甘さ、レベルの低さを痛感しました。いまのぼくと先輩たちのメンタリティーは、明らかにレベルが違う。このレベルを少しでも早く高めなければ、日本代表では通用しない。サンフレッチェ広島のファンやサポーターだけではなく、日本サッカーのファンやサポーターに向けて「自信があります」「次は絶対に点をとります」といえるようにならなきゃいけない。

日本代表の一員としてピッチに立つことが、どういうことなのか。内田さんからのメッセージによって、その意味をぼくは悟ったのです。

世界で戦うために必要なメンタリティー

選手として世界で戦うためのメンタリティーについては、ドイツに来てすぐ、日本で求められるものとの違いに驚かされました。

シュトゥットガルト一年目の2016－17シーズン、ハネス・ヴォルフ監督には少しネガティブな意味で〝目をつけられている〟と感じていました。監督と選手の関係という意味ではよくあることかもしれませんが、選手に対する監督の評価が高い場合、選手のプレーに対する監督のリアクションはつねにポジティブです。たとえば自分では調子があまりよくないと思っていても、練習でやってしまうミスに対して「いいぞ！　続けろ！」と前向きな言葉が飛んでくる。

反対に、選手に対する監督の評価が低い場合、監督のリアクションはつねにネガティブになる傾向があります。自分ではとても調子がいいと思っているのに、たった一つの小さなミスに対して「ヘイ！　集中しろ！」と怒られてしまう。

ヴォルフ監督とぼくとの関係は、まさに後者のそれでした。

その状況にプレッシャーを感じてしまったのか、ぼくは監督の目が届くところ〝だけ〟ミスをするようになりました。監督がこちらを見ていなければほとんどミスをしない。でも近くに来るたびに、視線を感じるたびに簡単なトラップミスやパスミスを繰り返してしまう。完全な悪循環です。

監督と選手といってもお互いに人間だから、監督にとってイジりやすい性格の選手、扱いにくい性格の選手は必ずいます。つまり、ヴォルフ監督とぼくの関係の場合は、ぼくが監督にとってイジりやすい性格の選手に分類されてしまっただけのこと。よく怒られるからといって戦力として計算されないわけでもなく、試合に出られないわけでもなく、あとに引きずるような怒られ方をしたわけでもありません。それなのに、ぼくはその関係性をプレッシャーに感じ、ミスをするようになってしまった。

もちろん、監督にとっての〝イジられキャラ〟はぼくだけではありません。でもぼくのように敏感に気にしている人は、少なくとも当時のチームにはいなかった。もはや民族的な気質の問題かもしれませんが、海外の人たちは監督と選手におけるそうした関係性にさえ、たぶん気づいていません。というか、誰に何をいわれてもまったく気にしない。監督に認められようとする気があるのかと疑ってしまうくらい、みんなが自分に自信をもっていて、自己主張するのが当たり前の世界です。つまり、全員がエゴイスト。

彼らの姿を見て、ぼくは思いました。

いまの自分はメンタルが弱すぎる。海外でプレーするなら、日本人の感覚では絶対に通用しない。このままでは戦えない。だから、自分が変わるしかない。エゴイストになるしかない。

佐藤寿人さんは世界一の「エゴイスト」

エゴイストという言葉で真っ先に思い浮かべるのは、サンフレッチェ広島で一緒にプレーさせてもらった佐藤寿人《ひさと》さんです。

結論からいえば、海外にはものすごいエゴイストがたくさんいるのに、寿人さんを上回るエゴイストはいません。もちろん、尊敬する大先輩へのリスペクトを込めて、ぼくはあえてそう断言したい。

FWとしてのプレースタイルや考え方は、寿人さんに出会ったことで確立された気がします。

寿人さんのことは、初めて一緒に練習した日から「ものすごいエゴイストやな」と感じました。プロになって一年目のある日、練習の紅白戦のワンシーンが頭から離れません。

ぼくは、小さいころからチームメイトに対して「ムリ」といえない選手でした。M

Fの選手が出したパスに自分がうまく反応できなかったら、たとえそのパスが自分のタイミングとズレていても、相手に対して「それはムリ」とはいえなかった。「ごめん！」と声をかけるのはいつもぼくで、むしろ「こっちの反応が悪かった」とフォローするタイプ。パスだけに限らず、サッカーでチームメイトに自分から文句をいったことは、たぶん一度もありません。

そういう意味では、気が小さいんだと思います。サッカーに限らず〝チームのなかの自分〟をいつも意識していたから、それをうまく機能させるために、自分が担うべき役割をつねに探しているような子どもでした。

サンフレッチェ広島に入って一年目、ある日の練習で、斜めに走った寿人さんにパスが出ました。ぼくは寿人さんからパスをもらうために、逆方向にクロスするような動きで斜めに走った。イメージしていたのは、寿人さんがヒール（かかと）を使ってダイレクトパスを通してくれること。でも、ぼくが走り出した瞬間に、寿人さんはこういいました。

「ムリだろ！」

正直なところ、かなり驚きました。思わず心のなかで、こうつぶやきました。

「え⁉　プロでもムリっていうんや！」

　もし逆の立場なら、そのプレーが絶対に成立しないとわかっていても「そっちか！ごめん！」といってしまうと思います。なぜなら、プロの世界では「ムリ」という姿勢や言葉が通用しないと思っていたから。

　たしかに、ぼくがどれほど本気で「ヒールでパスを出せる」と思っていても、それが寿人さんにとって「ムリ」なら、その時点で、お互いの連係プレーは成立しません。だから、「ムリ」と意思表示するのは悪いことじゃなく、相手との関係においてはむしろそのほうが正解だと思います。そのプレーが「ムリ」であることが最初からわかっていれば、連係ミスは少なくなると思いますし、チームに迷惑をかけることも減ります。

　寿人さんに「ムリだろ！」といわれた瞬間、ぼくは寿人さんの我の強さ、ストライカーとしてのエゴイズムを肌で感じて、心がシビれました。寿人さんがなぜあれだけ多くのゴールを決めることができたのか、わかった気がしたんです。

　繰り返しますが、決してネガティブな意味ではありません。「ムリだろ！」とはっきりいえるのが寿人さんのすごいところで、その強さこそ、Ｊリーグ歴代二位の得点数を誇るストライカーの武器であり、人としての魅力でもあると思います。

寿人さんとは、サンフレッチェ広島で三年半、一緒にプレーさせてもらいましたが、ぼくにとっては最初に受けたイメージが強すぎて、寿人さんの話をするといつもあのシーンを思い浮かべてしまう。もちろんそれだけじゃなく、一つのプレーについてチームメイトと議論になったとき、自分の考えを強く主張するのはいつも寿人さんでした。

プロになったばかりのぼくはその強さに圧倒されたし、そこにこそJリーグの歴史を振り返っても、トップレベルのストライカーである寿人さんのすごさを垣間見た気がしたのです。

いつか〝絶対的なエース〟になるために

サッカーをやっていると、考え方やイメージが違う誰かとぶつかるシチュエーションがいくらでもあります。むしろ、完全に合致することのほうが圧倒的に少ない。同じチームで、同じ監督のもとでプレーしていても、それぞれは違う人間だから、サッカー観が異なるのも当然だと思います。

スピードが武器であるぼくの場合、監督から「(このタイミングで)走れ!」と指示されることがよくあります。でも、自分の感覚では「違う」と感じる場面もある。いまスタートを切っても絶対にパスが出てこない、または、オフサイドになってしまうという感覚は、サッカーをやったことがある人ならわかるかもしれません。

ただ、監督と選手という関係においては、監督が〝絶対〟であることは間違いありません。もちろん、チーム内における選手としての立ち位置が〝絶対的なエース〟なら、その関係は少し違ったものになるかもしれませんが。

だけど、ぼくのようにまだ結果を残していない選手にとっては、監督が「走れ」というタイミングで走るのは当然のこと。いつか〝絶対的なエース〟になるためには結果が必要で、その結果を残すには試合に出なければならない。試合に出るためには、まずは監督が理想とするサッカーを完璧に理解し、それを表現できるようにならなければいけないと思うからです。

そうした状況をストレスに感じたとき、その原因は一〇〇%自分にある、とぼくは考えます。自分に監督の意見を変えられる力がないからこそ、そういう状況に追い込まれている。もちろん、なんらかの方法で「違う」と自己主張する努力をしないわけではありません。でも、まずは「我慢していうことを聞こう」と考えて、監督のいうタイミングでスタートを切ります。

その瞬間の自分の感覚が正しいかどうかは、いつか自分がステップアップして〝絶対的な選手〟になったときに確認すればいい。いまは監督に反抗するよりも、いつかはっきり「違う」といえるくらいの選手に成長することを優先すべき。だから、ぼくは走ります。できるだけパスが通るように、できるだけオフサイドにならないように最大限の注意を払いながら。

ドイツで試合に出られなかったという立ち位置を考えれば、いまの時点では、与えられた役割のなかで結果を残し続けるしかありません。

結果を残し続ければ、〝監督のタイミング〟に違和感を覚えることもなくなるはずです。そうすれば、知らないあいだに自分の武器が一つ増えているかもしれないし、監督のことを意識する必要もなくなる。選手としてのクオリティーを高め、チームにおける絶対的な選手になって、初めて完全な自分のオリジナリティーを表現できるんじゃないかと思います。

パスという選択もゴールへの道だ

　まさにその意味で、サンフレッチェ広島における寿人さんは絶対的な選手でした。その姿を間近に見て学んだことはたくさんあるし、盗もうと努力した技術もあります。そして何より、寿人さんと自分を比較することで、FWとしての自分のキャラクターを再確認できました。

「点をとる」ことを極めようとするなら、自分を絶対に曲げないという意味のエゴイズムは絶対に必要だと思います。だけど、同じFWでも寿人さんとぼくは違う。ぼく自身が寿人さんと同じ強さをもつことはできません。

　小さいころからずっと、「チームの一員」という意識でプレーしてきました。個人として結果を残したいという気持ちはあるけれど、それでも、どちらかといえばチームメイトの顔色をうかがいながらプレーしてきたほうでしょう。そういう性格は、「男六人兄弟の三番目」という家族内の立ち位置も影響している気がします。プロの世界に飛び込んだからといって、そういう姿勢をガラリと変えることはできません。

　とはいえ、ぼく自身のそうしたメンタリティーが、ストライカーとしての弱点になるとも思いません。

ぼくにはぼくのやり方があって、パスの受け方も、シュートに至るまでのアプローチも違う。もちろん、「ムリだろ！」といわれていきなり「すみません」と謝ることはありません。プロの世界に入ってからは、相手が誰でも「こういうイメージだったんです」と伝え、それでも相手が違うといえば、次のプレーでは相手に合わせる。

マイナス面はあるでしょう。でも、そういうキャラクターが自分の弱みになることはない。サンフレッチェ広島でも、日本代表でも、ドイツでも、過去に何度も同じような場面に遭遇しながら、そのつど「何が正解なのか」を考えてきましたが、ぼく自身のプレースタイルが大きく変わることはありませんでした。自分自身が理想とするプレースタイルがはっきりしているから、この考え方はむしろプラスに作用していると信じています。

日本代表としてピッチに立つことの意味を知った、あのボスニア・ヘルツェゴビナ戦。もし、寿人さんが同じシチュエーションに置かれたら、迷わずシュートを打っていたはずです。そこから先は〝精度〟の問題。シュートは入るかもしれないし、入らないかもしれません。それは結果論でしか語れないから、どうなるかは誰もわからない。

ぼくはパスを選択しました。振り返って「シュートを打つべきだった」と思うのもあくまで結果論であり、あのときシュートを打ったからといってそれが入ったかはわからない。トラップの精度をもっと高めれば、パスの精度やタイミングをさらに改善すれば、パスの選択がゴールへの近道である可能性は十分にある。だから、ぼくはこのプレースタイルを貫きたい。このスタイルで選手としてもっと成長し、結果を残したいのです。

そういう意味では、もしかしたら、ぼく自身もかなり我が強いタイプなんでしょうね。寿人さんとは違うタイプのエゴイスト。自分でいうのもですが（笑）。

第2章

すべては広島から始まった

森保さんは「当たり前」のことをいう

寿人さんの話が出たので、そのままサンフレッチェ広島時代の話をさせてください。寿人さんはもちろん、他のチームメイトも、森保一監督も、スタッフも、それから環境も、ぼくにとっては最高のクラブでした。

森保さんにはほんとうに感謝しています。プロになって初めての監督が森保さんじゃなければ、いまのぼくは存在していません。

加入一年目の二〇一三年、サンフレッチェ広島は前年のJリーグ王者としてこのシーズンを迎え、二年連続の優勝を成し遂げます。翌2014シーズンのリーグ戦は八位に終わったけれど、その次の2015シーズンもJリーグ制覇。あれだけ強いチームをつくりあげた森保さんはすごい監督だと思うし、二〇一六年夏に移籍したぼくは、サンフレッチェ広島というクラブを外から見て、あらためていいチームだったと実感するばかりです。

森保さんについてとくに印象に残っているのは、試合前のミーティングでいつも必ず話していた言葉です。

「目の前の試合を一〇〇%でやろう。そのために、一日一日を一〇〇%でやろう。ファンやサポーターに笑顔を届けよう。応援してくれることへの感謝の気持ちをもってプレーしよう」

言葉だけを見れば、決してオリジナリティーの強いものではありません。当たり前のことといえるかもしれないし、誰にでもいえる言葉かもしれません。

でも、ぼくはこの言葉をいつも心に刻んでいました。なぜなら、まさに同じことを、昔からずっと意識してきたからです。

当たり前のことを、当たり前にやること――。

選手としてサッカーをやるうえでも、一人の人間として生きていくうえでも、これ以上に大切にしていることはありません。

<<

選手権決勝で知った「勝つ」の意味

話は少しさかのぼります。

高校二年の冬、ぼくが在籍していた四中工は、冬の全国高校サッカー選手権大会で準優勝しました。

ぼくは、このチームがほんとうに大好きでした。

四中工は三重県内におけるサッカーの名門校です。先輩との上下関係はいかにも名門らしくはっきりしていて、一年生だったころは萎縮することもよくありました。でも、三年生が引退して新チームに切り替わると、樋口士郎監督から「何を変えるか、自分たちで話し合え」といわれ、ぼくたちはピッチ上での上下関係をいっさいなくすことに決めました。

ピッチを離れれば敬語を使います。でも、精神的な負担になるような上下関係は解消され、先輩たちに対する緊張感や恐怖心から気を遣うこともなくなりました。チームの雰囲気はいつも最高で、サッカーをやるのが楽しくて仕方なかった。夏のインターハイ（全国高等学校総合体育大会）では結果も出てベスト16に進出。ぼくは優秀選手賞をもらうことができました。

秋になったころ、真剣に考えました。この大好きなチームで少しでも長くサッカーを続けるために、いったいどうすればいいのか。

もちろん、答えは一つしかありません。高校生にとって最後の大会である冬の選手権に出場し、決勝戦まで勝ち上がることです。

ただ、このときのぼくの目標は「一試合でも多く戦う」ことで、「日本一になる」ことではありませんでした。つまり、いかにして〝寿命〟を延ばすかというのが目標で、そのために大事だったのは〝勝つこと〟よりも〝負けないこと〟。勝ち続けて優勝することを目標とするのではなく、一試合でも多くプレーするため、負けないために、目の前の試合にすべての力を注ぎ込もうと考えました。

迎えた冬の選手権。次の試合のことなんて、少しも頭のなかにはありませんでした。とにかく「この試合に負けたくない」という思いで必死にプレーしました。

ほんとうにその気持ちだけでプレーしていたら、三回戦の立命館宇治高校（京都）戦も、準々決勝の中京大学附属中京高校（愛知）戦も、試合終了間際にぼくが同点ゴールを決めてPK戦で勝利。結果論だともいえますが、この二試合はどんなに追い込まれても負ける気がしなかったし、点をとれるような気がしていました。

準決勝の尚志《しょうし》高校（福島）戦に勝ち、迎えた決勝前夜。二年生みんなで風呂に入りながら「ついに決勝まで来てしまった」という話になりました。そこでぼくはハッとした。自分が掲げた目標を達成してしまったことに気づいたからです。

このチームで一試合でも多く戦いたい。その気持ちだけで目の前の試合に一〇〇%の力を注いでいたら、実現しうる〝最後の一試合〟までたどり着いていた。目標は決勝を戦うことでもなく、優勝することでもなく、目の前の試合に負けないこと。「このチームで一試合でも長く戦いたい」という思いだけでピッチに立っていたら、ほんとうに、最後の一試合まで勝ち上がってしまった――。

そのときに実感しました。勝つとは、こういうことなんだ。

大切なのは、目の前に全力を注ぐこと。それさえできれば、自然と目標に近づくことができる。頑張って、頑張って、頑張り抜いたあとに顔を上げると、一つずつ前に進める。みんなで風呂に入りながら、そんなことをぼくは考えていたのです。

決勝では、試合開始一分の自らのゴールでリードを奪いながら、後半、アディショナルタイムに同点ゴール、延長戦で逆転ゴールを許し、1－2で敗戦。でも、自分の目標であった「このチームで一試合でも多く」を実現することができて、もちろん悔しかったけど、ものすごい充実感を覚えました。

そう、森保さんがいつも口にしていた「目の前のことに一〇〇%」のほんとうの意味を、ぼくは高校二年のときに知っていました。だから、それがどれだけ当たり前に聞こえるありふれた言葉でも、その意味を心から理解することができたんです。

勝つために大事なのは、たぶんそれ以外にはありません。応援してもらえることに対して感謝の気持ちを抱き、それを力に変えて毎日のトレーニングに全力で挑む。高校時代に実感を伴って知ったその大切さや意味を、プロの世界で、一流の監督に言葉にしてもらえたことがどれだけ嬉しかったか、わかってもらえると思います。

高校二年の夏から「サンフレッチェ目線」

サンフレッチェ広島には、勝手に「特別」と感じている因縁もありました。

冬の選手権での準優勝からさかのぼること半年。高校二年の夏、四中工は島根県で開催された「出雲カップU－18サッカー大会」に出場しました。予選リーグ初戦の相手はサンフレッチェ広島U－18。ほんとうに手も足も出ない、何もやらせてもらえないまま、ぼくらは0－4で負けました。

当然ながら、監督の（樋口）士郎さんのカミナリが落ちました。

「情けない試合しやがって！」

その言葉で目が覚めたぼくらは、なんとか予選リーグを突破し、その後も勝ち続けて決勝に進出。相手は再び、サンフレッチェ広島U－18でした。

でも結局、リベンジを期した決勝でも手も足も出ず、今度はまさかの0－7。ただ、絶対にまた怒られると思っていたのに、士郎さんはケロッとして「胸張って表彰式に出よう」といいました。

ただ、その日を境に士郎さんの口癖が一つ増えました。

「サンフレッチェ目線」

目線をつねにサンフレッチェの強さ、あの試合の悔しさにもっていって、そこから逆算して毎日を全力で頑張る。士郎さんが事あるごとに口にした「サンフレッチェ目線」。つまりぼくは、高校二年の夏からずっとサンフレッチェ広島を意識しながらサッカーをやってきたんです。しかもあとで知ったことですが、当時のサンフレッチェ広島のスカウトだった足立（修）さん（現・サンフレッチェ広島強化部長）は、あの出雲カップからぼくに注目してくれていました。

だから、サンフレッチェ広島は、ぼくにとって運命のチームだったのかもしれません。

サンフレッチェ広島には、ぼく自身がずっと思っていた〝当たり前〟のことを、いつも当たり前のように口にしてくれる監督がいました。その言葉を聞いて、毎日全力を出そうとする先輩もいました。先輩たちの姿を追いかけながら「目の前のことに一〇〇%」を体現できる環境が、サンフレッチェ広島にはあったのです。

一年目から簡単に試合に出られたわけじゃありません。でも、自信はあったし、何より目の前のことに一〇〇%で、自分の全力を注ぎ込むことができていた、とあらためて思います。

練習で少しずつ自分のプレーができるようになっても、試合ではなかなかそれが出せなかったし、自分の実力のなさを何度も痛感しました。それでも、森保さんはぼくを使ってくれた。毎日の練習を一〇〇%でやっている姿を見てもらえているんだと感じたし、もっとうまくなって、その期待に応えたいとも思いました。

目の前の試合を一〇〇%でやる。そのために、一日一日を一〇〇%でやる。ファンやサポーターに笑顔を届ける。応援してくれることへの感謝の気持ちをもってプレーする。

森保さんがいつも口にしていたのは、サッカー選手として当たり前のこと。でもそれが勝つための近道だから、いつもミーティングで同じことをいっていたのだと思います。

ありきたりのことを口に出せる人は、じつはそんなに多くありません。もちろんサッカーをやるうえでは、戦術や戦略も大切です。でも、そういう〝当たり前〟を体現できる選手が決して多くないからこそ、監督として、ありきたりでも何度も何度も言い続けられる森保さんは、すごい。

森保さんのもとでプレーすることで、自分が高校時代から抱き続けてきた思いがプロの世界でも重要なことを実感できました。その環境をつくっていただけたのは、いまのぼくにとって計り知れないほど大きい。心から感謝しています。

サッカー人生でいちばん悔しかったこと

サンフレッチェ広島で過ごした三年半には、いくつかのターニングポイントがありました。

その一つが、一年目の２０１３シーズン最後の試合、天皇杯決勝です。あの悔しさは、それまでのサッカー人生で最大といえるものでした。

リーグ戦は最後の最後までもつれました。最終節を迎えた時点で優勝の可能性を残していたのは、一位の横浜F・マリノスと二位のサンフレッチェ広島、それから三位の鹿島アントラーズ。サンフレッチェ広島は最終節に逆転して、劇的なリーグ連覇を成し遂げました。

九月の川崎フロンターレ戦では、試合終盤に声がかかり、Jリーグデビューを迎えることができました。それ以降の試合でピッチに立つことはなかったけれど、同時に行なわれていた天皇杯では九月の二回戦（対福岡大学）、十一月の四回戦（対鹿島アントラーズ）で出場機会をもらい、リーグ戦終了後に行なわれた準々決勝（対ヴァンフォーレ甲府）、準決勝（対FC東京）でも試合終盤に声がかかりました。延長戦後半にチャンスがめぐってきたFC東京戦では、ぼく自身はほとんど何もできませんでしたが、PK戦では六番目のキッカーとして成功させることもでき、ほとんどが残り五分間の出番だったけど、楽しくて仕方がなかった。

迎えた決勝の相手は、リーグ戦でも優勝を争った横浜F・マリノス。じつは、マリノスは高校時代に練習参加させてもらったことのあるチームで、ぼくにとって少なからず思うところがあるチームでもありました。

　この試合でも、試合終盤に森保さんから声がかかりました。試合は０－２で負けていたけれど、それでも十分以上の時間が残っていたからなんとしても勝ちたかった。期待に応えたい。なんとかして存在感を示したいという気持ちを、ものすごく強く感じたことを覚えています。

　それなのに、ぼくはまったくといっていいほど何もできず、情けないプレーの連続でした。独特の雰囲気に呑まれ、身体は緊張でガチガチ。負けていたから当たり前のことだけど、チームの雰囲気もピリピリしていて、ぼくの情けない姿を見かねた水くん（水本裕貴《ひろき》）にも怒られてしまった。

　結局、試合はそのまま０－２で終わり、ぼくたちはタイトルを逃しました。

　ゴール裏のサポーターに挨拶《あいさつ》に行くと、自然と涙が溢《あふ》れました。何もできなかった自分が情けなくて、悔しくて、どうしようもなかった。たぶん、かなりの勢いで泣いていたと思います。隣にいた寿人さんに「泣くな！　若いんだから！」と声をかけられたことは覚えているけれど、その言葉が耳に入っても、涙はずっと止まりませんでした。

ロッカールームに戻ると、監督の森保さんは、ぼくと、それから同じタイミングで途中出場した（野津田《のつだ》）岳人《がくと》に対してものすごい剣幕で怒りました。

「こんな大舞台で途中交代させられた寿人も、（髙萩）洋次郎も、少しの不満も見せることなく、お前らに託したんだ。お前らはその重みをわかっているのか！」

ほんとうに、そのとおりだと思います。自分が何もできなかった舞台で、先輩たちは最後の最後まで、力を出し切ろうとしていた。それなのに、チャンスを与えてもらった自分はなんの力にもなれなかった。あんなに悔しい思いをした経験は、それまでのサッカー人生でありません。

森保さんの言葉は、途中から耳に入らなくなりました。悔しくて、悔しくて、話を聞く余裕すらなかった。

このままじゃヤバい。ほんとうにヤバい。ここが底辺だと思うしかない。這《は》い上がるしかない。来シーズンは絶対やってやる。これだけ情けないプレーをしたんだから、失うものなんてもう何もない――。

いつしかぼくの頭のなかは、次のシーズンへの「やってやる」という決意で埋め尽くされていました。自分のなかで、何か大きなものが弾けて吹っ切れた瞬間でした。

最悪の思いを味わったことで、むしろ「成長するしかない」と楽になれた気がします。それまでの自分は、自分のことを少しでも大きく見せようと必死だったのかもしれません。でも、大きいと思っていた自分はあまりにも小さくて、それがわかっただけで何かが吹っ切れた。もう一度、ゼロからスタートを切らなきゃいけない。本気でそう思いました。

迎えた2014シーズン開幕前のキャンプ。自分でもわかるくらい、気持ちの入り方が違いました。後輩が入ってきたことで、少しだけ心に余裕もできました。一年かけてプロとしての生活にも慣れたことで、先輩たちに対する遠慮もなくなり、緊張感が少しずつなくなっていったのです。

シーズン最初の公式戦は、前年のリーグ王者と天皇杯王者が戦う富士ゼロックススーパーカップ。もちろん、相手は横浜F・マリノスです。ゴールを奪ったのは、ついこのあいだの天皇杯決勝で悔し涙を流したぼくと岳人でした。

ぼくのゴールは岳人のアシスト。それがめちゃくちゃ嬉しくて、最高の気分でした。もう大丈夫。成長するしかない。横浜F・マリノスとタイトルを争ったあの二試合は、真の意味でプロになるための試練だったのかもしれません。ぼくにとって、それほど大きなターニングポイントだったのです。

《〝ほぼ毎試合〟という勢いで泣いていた

プロ二年目の２０１４シーズンにも、たしかな手応えがありました。シーズン開幕前の富士ゼロックススーパーカップでゴールを決めたにもかかわらず、その後、またゴールは遠のきました。もちろん、できないこともたくさんあったし、緊張で身体が動かなくなる試合が完全になくなったわけでもありません。それでも、試合のなかで「できる！」と思える回数は着実に増えていたし、その小さな積み重ねによって、少しずつ手応えを感じることができた一年でした。

何より、練習のレベルの高さに助けられた気がします。経験があって、ストイックで、ものすごく意識の高い選手と毎日のように向き合えることが、自分にとってはとても刺激的だった。正直にいえば、練習でやる紅白戦のほうが公式戦よりもレベルが高かったとさえ感じていました。

森保さんがいう「目の前のことに一〇〇％」は練習から実践されていたし、自分にそういう背中を見せてくれる先輩たちがたくさんいたことは、ほんとうにラッキーだったと思います。この年のリーグ戦は八位に終わり、三年ぶりの無冠という結果になりましたが、チームとしての実力を疑う気持ちはまったくありませんでした。

練習では、「できる」と感じる回数も少しずつ増えていきました。ただ、練習でスタメン組に入るとどうしても緊張してしまうし、〝本番〟の試合で結果を残すこともできない。心の余裕は少しずつ増えているけど、なぜか本番では緊張してしまう。だから結果が出ない。そんな自分との格闘が続いていました。

サンフレッチェ広島の練習は、いつも試合形式。ぼくにとっては、それも大きなプラス材料でした。ちなみに、ぼくがいま在籍しているシュトゥットガルトでは、監督が誰であれ、ゲーム形式の練習をほとんどやりません。つまり、試合に出られない選手は、実戦でプレーするチャンスをほとんど与えられない。

スタメンで試合に出られない選手にとって、練習以外にアピールの場はありません。だからこそ、練習のほとんどがゲーム形式で行なわれていた森保さんのトレーニングに、あのころのぼくは救われました。

２０１４シーズンのリーグ戦出場は一一試合。得点はゼロ。チャンスをもらいながらもゴールを決められなかったのだから、やっぱり情けなかった。でも、シーズン後半には、ピッチに立てば寿人さんに負けないくらいのチャンスをつくっているという感覚がありました。あとは本番で結果を残すだけ。なんとか一点。一点とれれば、絶対に波に乗れるはず。だから、それまで、とにかく我慢してやりつづけるしかない、そう考えていました。

恥ずかしながら、たぶん、あのころは〝ほぼ毎試合〟という勢いで泣いていた気がします。

シーズン終了後、千葉（和彦）くんがテレビ番組の取材でぼくのことを「泣き虫」といいました。隠れて泣いていたつもりだったから、バレていたことがちょっとだけショックで（笑）。でも、それだけ自分のプレーに自信をもっていたからこそ、ゴールを決められないことが悔しくて仕方なかったんです。

「ミスしたことがないヤツはプロじゃない」

待望のJリーグ初ゴールは、三年目の2015シーズン、四月十八日に行なわれた

第六節FC東京戦で生まれました。この試合は、ぼくにとってサンフレッチェ広島時代の二つ目のターニングポイントだったと思います。

開幕戦、第二節とスタメンで出場させてもらったのに、たくさんのチャンスがありながらゴールを決められませんでした。悔しくて、悔しくて、ぼくはまた泣いていました。

次の試合からはスタメンを外されて、第三節の浦和レッズ戦と第四節のヴィッセル神戸戦はベンチにも入れないメンバー外。第五節の名古屋グランパス戦では、試合開始直後にケガをしてしまった森﨑浩司《こうじ》さんに代わって途中出場することになりました。

それなのに、自分のミスからピンチを招いて失点。サイドチェンジのパスを名古屋グランパスの永井謙佑《けんすけ》さん（当時）にかっさらわれて、それが川又堅碁《けんご》さん（当時）のゴールにつながった。途中出場したにもかかわらず試合終盤に途中交代を命じられたぼくは、やっぱり悔しくて、泣きました。

試合後、落ち込んでいるぼくに対して、ベテランでありながらチームのムードメーカーでもある千葉（和彦）くんがこういいました。

「お前、まだ一回しかミスしてねえじゃん！」

それからこう続けました。

「おれなんて、もう五〇回はやってるよ。一回しかミスしたことねえヤツなんて、まだプロじゃねえぞ」

そんな言葉を、いつもどおりの軽いテンションで。やり取りを聞いていた青くん（青山敏弘）は、少し笑っていました。

そのときぼくは「ほんとうにそのとおりだな」と思いました。千葉くんも、青くんも、みんなこういう苦い経験を繰り返しながらプロとして成長して、すごい選手になっているんだ、と。

しかも、その試合は０－２の負けゲームでした。前々節の浦和レッズ戦は引き分け、前節のヴィッセル神戸戦は負けていたから、この試合の結果によってチームは三試合勝ちなしという状況。

みんなが落ち込んでいて、責任をぶつける言葉を投げかけられてもおかしくありません。そんな状況なのに、ロッカールームでぼくに言葉をかけてくれる先輩がいる。

一週間後の第六節ＦＣ東京戦では、七十二分に出場機会がめぐってきました。

十分後の八十二分、右サイドでチームメイトがインターセプトしたボールが、センターサークル付近にいたぼくの足下に入った。

無我夢中でドリブルして、ペナルティエリアに入るところで相手DF二人をかわして、飛び出したGKの肩口を狙ったシュートがゴール右上に決まりました。それが、Jリーグでの初ゴールでした。

千葉くんのあの言葉がきっかけになったということは、あとから振り返って気づきました。アーセナルへの移籍が決まって、迎えた広島でのラストゲーム。セレモニー中のオーロラビジョンにそのエピソードが流れて、「ああ、あの言葉のおかげだったんだ」とあらためて思ったのです。

千葉くんって、じつはそういうところがけっこうあります。普段からテンションが高くて軽そうに見えるのに、印象に残る言葉をポンと投げかけてくれたりする。めっちゃ優しくて繊細な人だから、人のことをよく見ているんでしょう。自分が思っていることをいわれて、ハッとさせられたのは一度や二度じゃありません。

あのゴールは、ぼくにとって大きな転機になりました。千葉くんにはお世話になったし、ほんとうに感謝しています。

<<ハンパじゃなかった二〇一五年の充実感

初ゴールを機に、すべてがいい方向に進みました。

リーグ戦は三二試合に出場して八得点。ナビスコカップ（現・ルヴァンカップ）と天皇杯はそれぞれ五試合で四得点。チームはリーグ戦のセカンドステージで優勝してチャンピオンシップに進出し、ガンバ大阪に勝って年間王者になりました。リーグ終了後にはFIFAクラブワールドカップに出場し、三位になることもできた。ぼく自身も初めて日本代表に選出され、東アジアカップの北朝鮮戦でA代表デビューを飾りました。

ほんとうに、ハンパじゃない充実感を味わえた一年でした。ただ、満足することはなかったし、そのときの自分が「最高だ」なんて思っていたら活躍できなかったと思います。日本代表に選ばれるような評価をしてもらっていたとはいっても、サンフレッチェ広島ではスタメンを勝ち取ることができませんでした。ほとんどの試合で、ぼくの出番は残り三十分。いつも寿人さんとの交代でピッチに入っていたから、寿人さんを追い越して、スタメンで試合に出たいとつねに考えていました。

もちろん、途中出場することに対する不満なんてありません。ぼくが考えていたのは、与えられた役割を一〇〇%の力で実行するだけで、監督が求める仕事、チームが求める仕事をこなすことに全力を注ぎました。その役割をこなせないなら、次のステップなんてありえません。

そういう意味では、追いかけなきゃいけない人がいて、めざす場所がはっきり見えていたからこそ、結果を残せたように思います。交代する相手がいつも決まって寿人さんだったからこそ、その責任の重さを感じ続けられたし、「寿人さんより活躍したい」という気持ちを保つことができた。レギュラーの座を脅《おびや》かしたいという気持ちもあったし、ポジション争いのライバルという思いもありました。でも、ぼくのなかには「二人の力で相手に勝つ」という思いもつねに存在していた。

ほとんど決まりごとのように六十分で交代を命じられるから、寿人さんにとっては満足できない部分もあったはずです。でも、プロとして与えられた役割を果たそうとする姿勢がひしひしと伝わってきたし、だからこそ、交代する瞬間はいつも気が引き締まりました。

そういう先輩と交代する経験を繰り返していたことで、ぼく自身がやるべきこと、チームの一員として進むべき方向は、いつもはっきりしていました。もし、自分と交代する選手がいつもイライラしていたら、ぼく自身の姿勢も変わってしまっていたと思います。それも監督である森保さんの意図するところだったとしたら、やっぱり森保さんはすごい。客観的に見れば、リスクの高い交代策でしょうから。

チームがリーグ優勝という結果を残したことも大きかったでしょう。いくら個人レベルで結果を出しても、チームが優勝するのと、二位や三位で終わるのとでは達成感が違う。個人レベルで結果を残して、それがチームのタイトル獲得につながって、自分たちがやってきたことが間違いではなかったと証明できた。それが大きな自信になりました。

繰り返しますが、二〇一五年の充実感はハンパじゃありませんでした。それまでのサッカー人生で一番の充実感だったと思います。いや、もしかしたら「充実感」という言葉で表現するのは少し違うかな。どんなに難しくて苦しい状況でも、それを乗り越えようとすることに充実感がある。そういう意味では、シュトゥットガルトで、試合に出られないでもがく自分にも、ちゃんとした充実感があるから……。

ほかの言葉で表現するなら、あの一年はとにかく夢中になれた。過去に経験したことがないほど、楽しかった。

毎日の練習が終わって、クラブハウスを出るとき、ぼくはいつも「誰よりも頑張れたか」を確認していました。自信をもちながらも「まだまだ」と思えた。逆に、もし完全にレギュラーの座を勝ち取って、ものすごい活躍をして、チームにおける絶対的な存在になっていたら、悪い方向に勘違いしてしまっていたかもしれません。

スタメンじゃない。結果を残したい。日本代表に入りたい……。リオデジャネイロ五輪を控えた大事な時期でもありました。めざすべき目標がたくさんあって、まだまだ中途半端な選手だったからこそ、目の前のことに夢中になって、がむしゃらに結果を求められたんだと思います。

次の段階に進むための「背番号10」

サンフレッチェ広島でのラストシーズン、たった半年しか着られなかったけど、背番号10をもらいました。

ぼくはもともと11番が好きでした。だから、広島では、いつか寿人さんから11番を受け継ぎたいという思いがありました。

ただ、昔からサッカーは背番号でプレーするものじゃないと思っているタイプで、それほど強いこだわりがあったわけではありません。四中工のエースナンバーは伝統的に17番でしたが、一年生のころからずっと16番。じつは、二年生になるときに11番をつけるチャンスがあったんです。でも、なんとなく先輩に遠慮して、新チームの最初の試合で一年時につけていた16番をそのまま選んでしまった。その試合のメンバーに入った三年生が11番を手にとってしまったことで、結局、16番を継続することにしました。三年間同じ番号というのも悪くないし、なんなら16番を四中工の新しいエースナンバーにしてやろうという気持ちで。

サンフレッチェ広島で最初にもらった背番号は、29番。この番号には三年間お世話になって、愛着もありました。強化部長の足立さんから電話がかかってきたのは、リオデジャネイロ五輪のアジア最終予選に向けた合宿中だったと思います。「今年は10番をつけないか？」と聞かれたときはかなりの衝撃で、じつは少しだけ、ネガティブな思いもありました。

というのも、そもそも背番号が気にならないタイプだし、10番が好きというわけでもないし、だけどサッカーではものすごく重い意味のある番号だから、それをプレッシャーに感じてしまうのがイヤだな、と。

だから、ぼくの代理人の大沢諒《りょう》さんに聞いてみたんです。「どう思いますか」と。

当時のぼくは、海外でプレーすること、A代表に入ることを大きな目標として掲げていました。その思いを知っていた大沢さんは、「それなら29番をつけていいプレーをするよりも、10番をつけていいプレーをしたほうが印象が強い」と答えました。海外への移籍を考えるならなおさら。目に留まりやすいという意味で、10番をつけたほうがアピールになるかもしれないという意見を聞いて、次のステップをめざすために、10番をもらうことに決めたのです。

偉大な先輩である寿人さんの「11」を追いかけるための「10」。それから、すごくお世話になっていた（髙萩）洋次郎くんから受け継がせてもらった「10」。サンフレッチェ広島の10番は歴史的にストライカーが背負うことが多かったとも聞いていたので、ぼく自身もそうなりたいと思い、10番をもらいました。

チームにとって大切な背番号だから、サポーターやファンのみなさんには、身勝手と思われても仕方ない理由で10番をもらい、しかもわずか半年間しか着られなかったことを申し訳なく思っています。でも、短いあいだだったけど、サンフレッチェ広島の10番になれたことは嬉しかったたし、自信にもなりました。

努力は人が見ているところでするもの？

10番を受け継がせてもらった洋次郎くんについても、ぜひお話しさせてください。サンフレッチェ広島のファン・サポーターのみなさんならよく知っているかもしれないけど、洋次郎くんって、めっちゃ面白い人なんです。考え方が最高に面白くて、ぼくはいつも、洋次郎くんのプレーや発言に頭を使わされました。

とくに印象に残っているのは、自主練習についての話をしたときのことです。たしか試合後に何人かでご飯を食べているときでした。どういう流れでそうなったのかはわからないけれど、なぜか「努力」の話になって、ぼくは「人が見ていないところでやることが大事」と力説しました。

でも、洋次郎くんは真逆の意見で、「いや、絶対に誰かが見てくれているところでやったほうがいいでしょ」と。どうせ努力するなら、たとえば監督やコーチ、チームメイトが見ているところでやったほうが、努力が努力として認識してもらえるじゃないかというんです。「誰かに見てもらったからといって、努力してないことにはならないし、ちゃんとしたアピールにもなる」。それによって「アイツ、やってるな。頑張ってるな」と思ってもらえたら何かのタイミングで「じゃあ使ってみようか」となるから、「見られているところでやったほうがいい」と洋次郎くんはいいました。

ぼく自身、なぜそういう考え方になったのかわかりませんが、「努力＝人に見られないところでやるもの」という認識が、自分のなかにありました。それは「見られていないところでもやれる精神力が問われる」という意味ではなく、言葉で説明するのは難しいけれど、「誰かに見られていなくても自然とやりたくなるもの」という意味のものです。

実際、サンフレッチェ広島に加入してからずっと、そうした自分の認識に従って、努力してきました。チームの全体練習が終わったら、一度クラブハウスに引き上げる。なんとなく時間を過ごして、チームメイトのみんなが帰宅したことを確認してから、もう一度グラウンドに出てシュート練習をする。

でも、洋次郎くんの意見を聞いて、「たしかにそうかも」と妙に納得したんです。同じ努力なら、誰にも見られていないより、見られているほうが意味があるのかもしれない。たしかに全員が帰宅したことを確認してからシュート練習に励むのも悪くない気がするし、それってテレビドラマだったらカッコいいけど、たんにアピールのチャンスを逃していることになるのかも……。

洋次郎くんのいうとおり、監督やコーチが見ているところでやったほうが、アピールにつながることは間違いない。もし自分が監督だったら、同じ実力の選手を比べてどちらを使うか迷ったら、日ごろの努力が見える選手を使うだろうな、と。

それまでのぼくは、洋次郎くんがいうところの「努力」は、たんに〝アピールしたいだけの人〟のやり方だと思っていました。それでは真の力にならないから、努力することがムダになってしまう可能性があると思い込んでいたんです。でも、たしかにそれは本人次第の話で、自分がちゃんとした意識さえもっていれば、誰かに見られていようが、いまいが、努力は努力。

そんなことをずっと考えているうちに、洋次郎くんの言葉がとてつもなく深い意味のある意見に聞こえてきて、「アピールすることの大切さ」を教わった気がしました。

力は結果で示すものだから、たんなるアピールなんて必要ない。それまでのぼくはそう思っていました。でも、プロの世界には、客観的に見た場合、自分と同じくらいの能力の選手がたくさんいて、そこでアピールのうまさが、もしかするとそれぞれの運命を左右する材料になってしまうかもしれない。だから、「せっかく努力するならアピールしたほうがいいじゃん」と。

大袈裟に聞こえるかもしれませんが、ぼくにとって、洋次郎くんの考え方は衝撃的でした。洋次郎くんはそういう人で、いかにも10番らしくどこかひねくれていて、考え方が人と違う。でも、不思議な説得力がある。

洋次郎くんから何かをいわれると、その言葉の裏にぼくのためのメッセージが隠されているのではないかといつも考えさせられました。そして、そのたびに洋次郎くんの思いやりを感じたのです。

森保さんの言葉で決めたアーセナル行き

じつは、アーセナルの監督であるアルセーヌ・ヴェンゲルさんのこと、ほとんど知りませんでした。名古屋グランパスで監督をやっていたことも知らないくらいだったので、初めて会ったときもとくに緊張しませんでした。

もちろん、名前と顔くらいは知っていました。だけど、むしろ架空の人物なんじゃないかと思えるくらい、遠い世界の存在だった。だから、実際に会って、初めて実在の人物として認識したくらいで（笑）。

アーセナルと契約を結ぶときは、五日間くらいロンドンに滞在しました。そのあいだ、ヴェンゲルさんとは二回お会いしました。「ようこそ。ここが君のホームだ」といわれたときは、やっぱりゾクゾクするものがあった。「おれ、ほんまにアーセナルの選手になったんや」と。

アーセナルから話をもらったとき、じつはドイツの他のクラブと話が進んでいる状況でした。ぼくはドイツでプレーしたいと考えていて、いくつかのクラブからオファーをもらっていたんです。結局、自分のなかで悩んだ末に、そのなかの一つのクラブに行くことを決めて、そのクラブとの交渉も大詰めに入っていた。でも、ある日の夕方、サンフレッチェ広島の塩谷《しおたに》（司《つかさ》）くんとご飯を食べているときに、大沢さんから着信がありました。そのときは気づかなくて、ご飯を食べ終わって帰るタイミングで、今度は代理人さんの会社の社長さんからＬＩＮＥが入っていたことに気づきました。

「海外移籍って、いろいろあるねえ」

ＬＩＮＥにそう書かれていたので、てっきりぼくはドイツのクラブへの移籍がなくなったと思いました。残念だけど、やっぱり、そういうこともあるんだなと。だから、少し緊張しながら大沢さんに電話したんです。

大沢さんは「あれだけ悩んでクラブを決めてもらったあとに申し訳ないのですが……」といいました。ぼくは心のなかで「ほら来た」と思い、「心の準備はできています」と答えようと思ったら、大沢さんが信じられないことを言い始めました。

「アーセナルからオファーが来ました」

「え？」「は？」「ウソでしょ⁉」という感じでした。さすがのぼくでもアーセナルくらいは知ってるけれど、ホントにそのアーセナル？　と心のなかで思いながら、その瞬間から心臓がバクバクしているのがわかりました。

大沢さんからは「短い時間での決断になって申し訳ないですが、話を進めているドイツのクラブとの兼ね合いもあるので、明日の昼までに決めてほしい」といわれたのですが、もちろん軽いパニック状態。

自分がアーセナルに行くなんて想像もしていなかったし、もちろんものすごく魅力的だけど、どっちを選択するほうが選手としてプラスなのか。ちゃんとプレーできるのはどっちなのか。日本代表に入り続けたかったら、どっちを選ぶべきなのか。大沢さんからアーセナルの自分への評価を聞き、アーセナルへ行くことのメリットとデメリット（労働許可証のことなど）を話し合いましたが、頭のなかをすぐには整理できなかったから、まずはお母さん、お父さんに電話しました。二人ともめちゃくちゃ驚いていました。だから、とりあえずは状況だけを説明して……それから、サンフレッチェ広島のチームメイトで唯一、水くん（水本裕貴）にも電話で相談しました。

水くんはぼくと同じ三重県出身ということで、入団当時からサッカーではもちろん、プライベートでも面倒を見てもらい、いちばん頼れる先輩でした。

水くんからは、多くのことを学びました。なかでもサッカーへの向き合い方は、水くんから学んだ、ぼくの最も大切なものです。

水くんは決して多くを語るタイプではありません。ただ、練習後も自主練習をする姿、サッカーを中心に考えたストイックな私生活など、その背中でサッカー選手として必要なことのすべてを、ぼくに教えてくれたのです。

正直なところ、水くんがいなかったら、いま自分がどんな選手になっていたかはわかりません。そんな水くんが、ぼくは大好きでした。

水くんはいつも夜十時には寝てしまうので、急いで電話しました。「申し訳ないんですけど」から始まって、事実を伝えました。やっぱり、最後にいうことはみんな同じ。それぞれにどっちに行ってほしいという思いはあったはずだけど、「自分で決めたらいい」と。大沢さんの意見は、きっとぼくに近い人たちの総意だったと思います。「一人のサッカーファンとしては、アーセナルに行ってチャレンジする姿を見たい。でも、これは拓磨くんのサッカー人生です。サポートしている身としては、最後は自分で決めてほしい」

結局、その日に決断することはできないまま次の日を迎え、チームの午前練習にもずっと集中できないまま「どうしよう」と考えていました。

練習が終わって、大沢さんから「決めましたか?」と連絡がありました。どうしてもまだ決められなかったから、サンフレッチェ広島の強化部長である足立さんと森保さんに相談しよう、と。

最終的には、そのときに森保さんからもらった言葉が背中を押してくれました。

「正直、今シーズンは最後まで一緒に戦いたいと思っているから残念だけど、海外に挑戦したいという気持ちは、自分も選手だったからこそ理解できるし、尊重するよ。選手として高みをめざしたいという拓磨のその気持ちは当然だと思う。どこでプレーすることになっても、拓磨のことだから、これまでどおり毎日一〇〇%でプレーすることができると思うし、心配もしていない。だから応援するよ」

みんなと同じように、森保さんも「最後は自分で決めればいい」といってくれました。森保さんの言葉には、三つの視点がありました。監督として、選手として、応援してくれる人として。話を聞いて、ぼくは〝サッカー人〟としての森保さんの偉大さをあらためて感じましたが、それでもやっぱり心が決まらない。

話が終わって部屋を出ようとしたとき、椅子にもたれていた森保さんが、両腕を上げて「うーん」とストレッチしながら、つぶやくようにいいました。

「まあ、個人的には、エミレーツ・スタジアムでプレーしている姿は見てみたいかなー」

ぼくにとってそれは、監督でも、選手でも、応援してくれる人でもなく、単純に一人の人間としての森保さんの心情が漏れ聞こえた瞬間でした。スイッチがオフになった瞬間の言葉だったからこそ、なんだかすごく嬉しかった。ゾクッとしたんです。

これで心が決まりました。

自分が何のためにサッカーをやっているのか、何のためにプロの世界で勝負しているのか。ぼくはそれを思い出して、アーセナルを選択するという気持ちを固めたのです。

第3章

浅野家に生まれた奇跡

ぼくがサッカーをやる理由は一つだけ

アーセナルへの移籍を決断したとき、森保さんにもらった言葉によって、ぼくは「自分は何のためにサッカーをしているのか」を思い出しました。

その答えは、一つしかありません。

自分を応援してくれる人たち、支えてくれる人たちに恩返しをすること。ぼくがサッカーをやる目的は、これ以外にありません。

アーセナルに行くか、ドイツのクラブに行くかを決断するために考えたのは、「どちらのチームでプレーするほうが、自分を応援してくれるみんなに大きな喜びを与えられるか」でした。

「エミレーツ・スタジアムでプレーしている姿を見てみたい」

森保さんの言葉が、ぼくの「恩返しをしたい」という気持ちにグサッとハマった。だから、アーセナルに行くことを決めて、大沢さんにもそう伝えました。大沢さんは「よかった」といってくれました。誰かに報告するたびに、みんなが「よかった」といってくれたんです。

両親には、電話で伝えました。お母さんはものすごく嬉しそうな声で「よかったあー」と喜んでくれた。その日は朝からずっと、おばあちゃんの仏壇の前で「タクがアーセナルに行きますように」と手を合わせていたそうです。その話を聞いて、ちょっと鳥肌が立ちました。ぼくにとって〝おばあちゃんの仏壇〟は、とても特別な存在だから。

ものすごい勢いで喜んでくれたのは、お父さんも同じでした。「もしドイツのクラブに決めていたら」を想像するのが怖くなるくらい、二人ともすごい喜びようだった。その反応を見て、自分の出した答えが間違っていなかったと確信しました。

やっぱり、ぼくはみんなの応援の力に背中を押してもらっている。選手としては試合に出られる確率が高いチームを選ぶのが普通だけれど、自分にはもっと大切なことがある。

それを基準として決断したら、みんなが喜んでくれた。だからぼくは、自分を応援してくれる人たち、支えてくれる人たちに恩返しをしたい。

ぼくがプロの世界でサッカーをやりつづける理由を再認識できたという意味で、移籍に関する決断には、ほんとうに大きな意味があったと思います。

浅野家の中心は〝おばあちゃんの仏壇〟

お母さんとお父さんの話が出たので、ここからは少し家族の話をさせてください。家族のことならいくらでも話せるので、少しボリュームに気を遣いながらお話ししたいと思います。

自分の性格は、お母さんの性格そのもの。最近になって、つくづくそう思うようになりました。

ウチのお母さんは、「超」がつくほどポジティブな人。それから「信じる人」です。

高校二年のインターハイ、三重県予選。自分でまったく理由がわからないまま、トップチームのメンバーから外されてしまったことがありました。ものすごく悔しい思いをして自宅に帰り、お母さんに報告すると、こういわれました。

「試合に出たらケガをしていたかもしれないよ。そうしたら、きっとサッカーができなくなるくらいの大ケガだったと思う。だから、メンバーから外れてよかった。たぶん、天国のおばあちゃんが試合に出られないようにしてくれたんだね」

決して冗談でいっているわけではありません。お母さんは本気で「天国のおばあちゃんがそう仕向けてくれた」と思っているのです。

お母さんの息子だから、もちろんぼくも信じます。

なるほど、そうかもしれない。ケガをしなかったということは、明日もサッカーができる身体があるということか。じゃあ、次の試合で頑張ろうと。

〝おばあちゃんの仏壇〟は、いつも浅野家の中心的存在です。

ぼくが小さいころからずっと、お母さんは何かあると必ず仏壇のおばあちゃんを頼りにしました。口癖は「おばあちゃんにお願いしとき」「おばあちゃんが空から見とるで」。そう言われ続けて育ったからか、ぼく自身も自然と仏壇に手を合わせるようになりました。毎朝五時半に起きて、ご飯をよそって仏壇に供えるのが日課。「プロサッカー選手になれますように」と手を合わせました。

ぼく自身、おばあちゃんにお願いすれば、それだけでプロサッカー選手になれるとほんとうに信じていました。疑いの気持ちはいっさいなく、毎日手を合わせているだけで〝なれる気〟しかしなかった。「信じるものは救われる」ではないけれど、自分でも知らないうちにそういうメンタリティーが備わっていたのは、間違いなくお母さんのおかげです。年の離れた妹を除いた男六人兄弟のなかでも、ぼくはたぶん、お母さんの影響を最も強く受けていて、だからこそ自然に、仏壇にご飯を供える役を買って出たのかもしれません。

一般的な子どもなら、たとえば神社にお参りすればお賽銭《さいせん》を入れて手を合わせたとき、「プロサッカー選手になれますように」とお願いしますよね。でも、たぶん、心の奥底では「プロになれないかもしれない」と思っている人がほとんどで、「お願いすれば必ずなれる」と心の底から信じている人は少ないはず。ぼくにいわせれば、それは〝お願い〟していることにはなりません。

そういう感覚が〝普通〟とちょっとズレているのかなと気づいたのは、じつはごく最近のことです。浅野家ではそれが当たり前だったから、ぼくはことあるごとに仏壇に手を合わせ、おばあちゃんに〝お願い〟し、お願いしたことはすべて叶うと信じてきました。ちなみに、仏壇に眠るおばあちゃんは、ぼくが物心つく前に亡くなっていますす。だから特別な思い出は何もないのに、それでもなぜか、おばあちゃんのことだけは一〇〇％信頼しています。

そして、おばあちゃんは母方の祖母ですが、浅野家は、父方のおじいちゃんにも見守られています。

リオデジャネイロ五輪のアジア予選を兼ねた二〇一六年U－23アジア選手権準決勝イラク戦。五輪本大会出場を決めたその日に、おじいちゃんは亡くなりました。

次の試合は韓国との決勝戦。ぼくはなんとなく、おじいちゃんが見てくれている、きっと力を貸してくれると思っていました。小さいころから〝おばあちゃんの仏壇〟に手を合わせてきたから、自然とそう思えた。

試合前、ぼくは手を合わせて「おじいちゃん、おれに力を貸してくれ」とつぶやきました。途中出場でピッチに立ったのは、0－2で負けていた後半十五分。ぼくは二つのゴールを決めて、逆転勝利に貢献することができました。

〝仏壇のおばあちゃん〟を通じて「信じること」の意味を教えてくれたお母さんは、人から見ればちょっと変わっているかもしれません。ということは、お母さんによく似たぼくも、ちょっと変わっているのかもしれません。

人は人。自分は自分。だから他の誰かに流されない。自分が正しいと思ったことを信じる。でも、それを他人に押しつけない。ざっと挙げるとそんな性格で、もちろんぼくも右に同じ。とくに、自分が信じることを最後まで信じて、前向きに進もうとする性格は、完全にお母さんから譲り受けたものです。もちろんそれは、自分でも「似ていてよかった」と思えるところ。サッカー選手になるという夢を叶えるうえで、ポジティブに信じる力は、間違いなく大きな支えになりました。

十八歳でプロになって、家を出て、そのタイミングからぼくは大人になりはじめました。そこから現在までの約五年間は、お母さんとは見てきたものも、感じてきたこともまったく違います。それなのに、最近はとくに、性格も考え方も、以前にも増してお母さんに似ていると感じることが増えてきていて……。親子ってすごいなと、あらためて思います。

一万円という金額は「頑張りのバロメーター」

夫婦だから似ているところもたくさんあるけれど、お父さんの性格は、お母さんのそれとは少し違います。

ぼく自身が「やっぱりお父さんにも似ているな」と感じるのは、「自分は自分。人は人」といいながら、どちらかといえば几帳面で〝気にしい〟なところ。周りの目を気にしてバランスをとろうとするところはお母さんにはない繊細さだけど、一方では声が大きく、ガハハと笑う感じもあって、そこがお父さんらしい。

最近は、ぼく自身の言葉遣いがお父さんに似てきました。まだ六歳の妹と話していると「うわ、お父さんみたいなこといっとる」と自分で感じることもあるくらい。お母さんと同じように、しっかりとお父さんに似ているところも感じるから、やっぱり家族ってすごいなと思います。妹に対するぼく自身の接し方は、自分が子どものころに見ていたお父さん、お母さんとそっくりです。

ぼくがサッカーを続けていくうえで、お父さんには、ほんとうに助けてもらいっぱなしでした。

浅野家は大家族なのに六人兄弟が全員サッカーをやっていたから、経済的にいつもギリギリだったことは、子どもながらに理解していました。

印象に残っているのは小学生のころ。遠征に行くと一日当たり一万円の費用がかかりますが、それが払えなくて、参加するのをあきらめたこともあります。でも、そういうとき、お父さんはいつも「できること」を精一杯やってくれました。

たとえば一泊の大阪遠征なら「今回はちょっと厳しいから、一日目はあきらめて二日目から参加しよう」という具合。二日目は仕事を終えたお父さんがぼくを大阪まで送り届けてくれて、ぼくはその日の途中からチームに合流する。子どもながらに「ものすごくたいへんなことをしてもらっている」と感じていたし、そのぶん、「絶対に点をとらなきゃ」とも思っていました。

そういうことは一度や二度ではないので、ぼくにとって一万円という金額は、「どれだけ頑張るか」のバロメーターみたいなものでした。

遠征に行くときは、一泊なら一万円、二泊なら二万円を、いつもお母さんから手渡されます。お母さんは封筒を渡しながら、「タク、一万円分以上頑張ってこいよ！」と必ずいう。明るく、なんだか楽しそうにいってくれるから、その言葉をプレッシャーに感じたことはありません。「よっしゃー！　一万円分点とってくる！」と返して出かけるそのやりとりが、ぼくはけっこう好きでした。

お父さんは、チームメイトのあいだでもかなりの有名人で、試合を見に来ると、とにかく存在感がすごい。ぼくがボールをもつと、とんでもない大声で「タクー！　行けー！」と叫ぶんです。その声を背中で受け取り、ぼくはいつも「イヤやなあ」と思いながらドリブルしていました。

お父さんの「タクー！　行けー！」は、チームメイトのみんなにネタにされて、よく真似されていました。お父さんの声はそれほどデカかったし、周りの子から見ればめちゃくちゃ面白かったんだと思います。ミスをしたときは「なにやっとんのやー！」と大声でいうこともあったので、ぼくはまだしも、弟たちはかなりイヤだったんじゃないかな。お父さんは家に帰ってもその日の試合の課題を強くいうこともあり、弟たちは、悔しくて泣いていることもありました。

ちなみに、お父さんも学生時代にはサッカーをやっていました。でも、四中工に入れなくて、少しヤンチャの道に走ってしまったんだとか（笑）。

そんなお父さんだけど、ぼくにとっては、いつも最高のお父さんでした。

頑張れば喜んでくれるし、いつも本気で応援してくれる。サッカーをテレビ観戦していても画面に向かって本気で怒るし、ときに周りが見えなくなるけれど、それもまた面白かった。試合中に叫ばれるのは少しだけイヤだったけど、そんなお父さんも好きで、サッカーのことで怒られれば「いつか見返してやる！」と思ったし、そういうお父さんの存在が、ぼくにとってはモチベーションになりました。

自分でいうのもですが、そんなピュアな性格は少し似ている気がします。いや、でもぼくのほうがずっと冷静ですけどね。

貧乏でも、浅野家はいつもポジティブだった

ぼく自身の冷静さというか、周りを見てバランスをとろうとする感覚は、六人兄弟の三番目という立ち位置もかなり影響していると思います。

上がいるから弟の役割もするし、下がいるからお兄ちゃんの役割もする。これもまた自分でいうのもですが、ぼくは上からも下からも好かれるタイプで、兄弟のなかではみんなと仲良くするバランサーのような役割を果たしていました。そういう立ち位置だったから、小さなころからつねに周りをよく見ていた気がします。

実家に遊びに来た友だちにいわれたことがあります。ぼくは家のなかで誰かが何かをしているとじっとしていられないタイプで、たとえばお母さんが料理をしていたら何もいわれなくても台所をウロウロしてしまう。つねに自分の仕事を探していて落ち着きがないから、友だちから見れば「何やっとんの?」と疑問に思ったことでしょう。

お母さんの仕事を手伝うことは、小さなころから大好きでした。何かを頼まれれば

喜んでやるし、お母さんが外出しているときに家のなかをピカピカに掃除したりする。兄弟のなかでは率先してやるタイプで、もちろん下の三人には指示を出すし、叱るのもぼくの仕事です。少し年が離れた長男には怖いからあまりいえなかったけど、仲がいい次男にも「やれよ！」とガツン。そんな感じだったから、高校を卒業してプロになって家を出るとき、お母さんは「タクがいなくなったら家がたいへんや」といっていました。

男兄弟が六人もいれば、それは経済的にはたいへんだったと思います。

スパイクがほしいだの、ゲームがほしいだの、小さいころはそんなこともいっていました。でも、兄弟が多くてたいへんなことは理解しているから、ある程度の年齢になってからは、「ないものはない。ムリなものはムリ」と割り切れるようになった。

だからといって、ぼく自身にも、兄弟にも、ネガティブな感情はいっさいありませんでした。むしろ、家族で過ごす時間が楽しくて仕方なかった。友だちと比べて悲観するようなことは、一度もなかった気がします。

たとえ貧乏でも、浅野家にポジティブな空気しかなかった理由は、やっぱり、お父さんとお母さんのキャラクターが大きい。

普通の親なら、子どもたちに苦労しているところを見せたくないと考えるのかもしれません。でも、ウチは見え見え（笑）。お金がないことは子どもたちにもバレバレで、苦労している姿も見せるけど、それでもなんだか楽しそうだった。結婚指輪を売ったときはさすがに「ヤバいな」と思いましたが、そんな状況でも、両親はいつも明るかった。だから、ぼくたち兄弟もいつも楽しかった。

よくテレビで大家族を題材にした番組がありますが、もちろん、大家族だからといって、それだけで明るく楽しい家庭になるわけじゃないと思います。そういう意味では、やっぱりウチはお父さんとお母さんの存在が大きい。

本音はわからないけれど、お父さんもお母さんも無理をして明るく振る舞っていたわけではなく、いつも自然体。きっと、先天的にそういう性格なんですよね。二人の〝なんとかなる精神〟は、子どもたちにもちゃんと遺伝していますから。

親に文句をつけるなんて、ありえない

家の事情をよく理解していたからこそ、サッカーをやらせてもらっていたことがほ

んとうに幸せでした。逆に、「どうしてサッカーをやらせてもらえるんだろう」と疑問に思ったこともあるくらい。しかも、サッカーをやっていたのはぼくだけじゃありません。六人兄弟全員。それだけで幸福なことですし、両親には感謝しかありません。

お父さんとお母さんは、家のなかだけじゃなく、外に対しても自分たちのことをさらけ出していました。堂々と「ウチは貧乏だから」といえるところも、いまになって思えばカッコいい。だからこそ、ぼく自身も友だちに対して堂々としていられたんだと思います。どこかに遊びに行こうと誘われても、「ごめん！　金ないから行けないわ」といえたし、お金がないことを隠そうという思いはまったくなかった、恥ずかしいと思ったことも、一度もありません。

子どもの友だち付き合いって、そうやって一緒に遊びに行くことで急に仲良くなったりしますよね。自分にとってものすごく仲がいいと思っている友だちが、自分がいないところで急に別の友だちと仲がよくなることもある。だから、子どもにとって、仲がいい友だちと一緒に遊びに行けないことは不安でしかない。それが普通の感覚でしょう。

でも、ぼくはそういう感情がまったくありませんでした。なんとしてでも友だちの輪に入らなきゃという危機感のようなものがなかった。たぶん、そういうことが気にならないくらい、家族と過ごすことが楽しかったからでしょうね。兄弟みんなでサッカーをしたり、遊んだり。ぼくにはそういう家族がいたから、経済的なことが理由で友だちの輪に入れなくてもまったく問題なかった。

もちろん、友だちと口ゲンカをして「貧乏！」といわれたこともありました。でも、そういうときは「将来見とけよ」と思うだけ。自分はいつか必ずプロサッカー選手になって、お金を稼いで、みんなを見返すんやと。その思いだけですべてが解決してしまうから、お父さんやお母さんに「みんなは遊びに行ってるのに！」なんて文句をいったこともありません。

そもそも、親に文句をつけるなんて、ぼくのなかではありえないことでした。育ててもらっていることを感謝するのは当たり前で、親の悪口をいう友だちがいたら「お前、バカじゃないの？」と本気で思っていました。生んでくれた人、育ててくれた人に対して、どうしてそんなことがいえるんだろう、と不思議で仕方なかった。

両親に対しては感謝することが当たり前だったので、「感謝しなきゃ」と思ったことさえありません。それについて「すごいね」「偉いね」といわれるけれど、まったくピンとこない。すごいのは両親で、ぼくはそれにただ感謝しているだけ。「すごいね」「偉いね」とあまりにもよくいわれるので、「偉いのかも」と勘違いしてしまうからやめてください（笑）。

お母さんに堂々と「ありがとう」といえます

そういう考え方を含めて、最近、もしかしたらぼく自身のキャラクターも人と少し違うのかなと考えたりします。

ぼくは、両親に「ありがとう」と伝えることを恥ずかしいと思ったことがありません。小さいころからお母さんのことが大好きで、感謝するのが当たり前。だから「ありがとう」と伝えることを恥ずかしいと思う気持ちが、まったく理解できない。誰だって、家ではみんなお母さんに甘えているはず。なのに、どうして素直に「好き」といえないのだろう、と。

ただ、ドイツに来て、こちらの人たちが当たり前のように親への愛情表現をしている姿を見ると、「そうだよな。それが普通だよな」と妙に安心するところもありました。世界に出ると、ぼくと同じような考え方で、それをちゃんと表現できている人がたくさんいる。そのことを感じられただけでも、ドイツに来てよかったと思います。とはいえ彼らと比べれば、自分はまだまだ足りないと思ったくらい。もっともっと、両親や家族に「ありがとう」といいたいし、愛情を表現したい。

浅野家は、毎日がお母さんの取り合いでした。それは間違いなく、大家族ならでは。男兄弟が六人もいれば甘えたいときに甘えられないから、一人が抱っこされているだけで嫉妬の嵐です。だからぼくは、自分が高校生のときに生まれた末っ子の妹がうらやましくて仕方がない。お母さんのことをあんなに独占できた子は、六人兄弟に一人もいません。

普通はきっと、ある程度の年齢に到達したところで、親からの愛情なんていらなくなるのだろうと思います。でも、ウチは兄弟がたくさんいるせいでお母さんを独占することができなかったから、何歳になっても、親の愛情を拒否することなんてありえなかった。大きくなっても「お母さん、お母さん」。そんな感じだったからこそ、年齢に応じて少しずつかたちを変えながらも、両親に対する感謝や愛情を表現しつづけられるのだと思います。

誕生日の概念が一八〇度変わった日

ある日突然、「誕生日」の概念が一八〇度変わった瞬間がありました。小学六年か、中学一年のころだったと思います。

お母さんが何気なくいいました。

「このあいだ、テレビでやってたんだけどさ、寮に入っている高校生が、自分の誕生日にいつも親に電話するんだって。『ぼくを生んでくれてありがとうございました。何歳になりました』って。すごいねえ」

その話を聞いた瞬間、ぼくはハッとしました。

「うわ、おれ、アホやったな」

たしかにそうや。おれ、なんで自分の誕生日に「おめでとう」なんていってもらおうとしてるんやろ。両親に感謝の言葉を伝えるべきなのに、なんでプレゼントなんてもらおうとしてるんやろ。おかしいやろと。

その年から、自分の誕生日は両親に「生んでくれてありがとう」と伝える日にしました。たぶん、お母さんからその話を聞いたタイミングがよかったんだと思います。小学校の低学年くらいだったら意味がよくわからなかったし、逆に高校生になっていたら、それこそ恥ずかしくてできなかった。

感謝の気持ちだけはずっともっていたから、パッと切り替えることができました。それ以来、もちろん照れくさいところもあるけれど、お母さんにはテレビ電話、お父さんにはメールで「今日で○歳になりました。生んでくれて、育ててくれてありがとう」と伝えています。

そう考えると、たぶん、ぼく自身が性格的にませていたんでしょう。同級生に「誕生日は両親に感謝するための日や」なんていっても、きっと理解してもらえなかったはず。ただ、ませているといっても、いまの時代の子どもたちの〝ませ方〟とはちょっと違います。たとえばぼくが高校生のときに生まれた妹は、いま六歳。やっぱり妹は別の意味でませていて、言葉遣いもそうだし、頭のキレが違います。悪知恵がよく働いて、「かわいいね」といわれようとしているのがわかるんです。

それに比べれば、ぼくや弟たちは〝子どもらしさ〟という意味では最高レベル。元気で、無邪気で、素直で、いかにも子どもらしい理由でよく怒られるけど、学校の三者面談に行けば「元気がいい」と褒められる。しかも両親に対しては「大好き！」とちゃんと愛情表現するから、子どもとしては一〇〇点だったんじゃないかな（笑）。

兄弟がたくさんいる環境は、ぼくにとって最高でした。

サッカーをやるうえでもそうだし、キャラクターを形成するうえでもそう。「友だちがすべて」ではない環境があったからこそ、つねに意識が家族に向いていたし、友だちがいなくても、兄弟がいればそれだけで毎日が楽しかった。だから、無理に友だちをつくろうとしたこともないし、周りに合わせようともしませんでした。

やっぱり友だち同士なら、どんなに仲がよくても相手に合わせようとしますよね。子どもながらに気を遣うこともあるし、そうじゃないと友だちとの関係がうまくいかないことだってある。

でも、兄弟の場合は気を遣う必要なんてありません。すぐに兄弟ゲンカになるけれど、それだけ濃い関係を築ける。友だちだったら、思い切りケンカすることもなかなかできないと思います。ぼくは兄弟との関係から両親に対する考え方を学んだ気がするし、社会性のようなものも自然と身につけていった。とにかく兄弟と遊ぶのが好きだったから、友だちに「遊ぼう」といわれなくてもよかったし、その余裕が逆に友だちを集めるパワーになっていた気がします。

こう見えて、ちょっとした人気者だったんですよ。毎日のように友だちが「タク、遊ぼ！」と自宅に来て、兄弟も一緒にみんなで遊ぶ。友だちには「タクの家はみんな仲がいいよな」とよくいわれるけど、仲がいいことを当たり前に感じられる環境で育ててもらったことを、ものすごく感謝しています。

ある意味、「六人兄弟の三番目」じゃなかったら、プロにはなれなかったかもしれません。ケンカも多かったけど、みんながサッカーをやっていたから、つねに競争できる環境は最高だった。「浅野家じゃなかったら」なんて想像すらできません。両親にも兄弟にも、感謝の気持ちしかないんです。

第4章

ブンデスリーガ奮闘録

過信が招いた〝右肩下がり〟の成長曲線

しばらく家族の話をしたので、次はサッカーの話を。

二〇一八年二月には、お母さんが妹を連れてシュトゥットガルトに来てくれました。妹のことを「お母さんを独占できてうらやましいな」と思ったり、「自分の妹への接し方がお父さんそっくり」と思ったりしたのはそのときのことで、自分が大人になったのか、子どものままなのか、よくわからない感情が湧いてきて、少し不思議な気分でした。

シュトゥットガルトに来たのは二〇一六年夏。アーセナルへの移籍が決まり、そのまま二年間の期限付移籍をすることになりました。サッカーに詳しい人ならよく知っているかもしれませんが、イギリスの労働ビザを取得するためのハードルはなかなか厳しく、サッカー選手の場合は日本代表での実績やその他の国での実績が評価されなければ、労働ビザが発行されません。

だから、ぼくがアーセナルでプレーするためには、まずはドイツのブンデスリーガと日本代表で結果を残す必要があります。そのことは最初からわかっていたので、ドイツでプレーすることに対するイメージは、ある程度もってこちらに来ました。

もちろん、日本でプレーするよりもずっと状況が難しくなることは覚悟していました。その難しさはほとんど想像どおりで、あらためて驚くことはほとんどありません。第2章でお話ししたとおり、二〇一五年からのぼくはある意味〝イケイケ〟で、不安よりも自信のほうが圧倒的に上回っていた。だから、多少の変化やそれに伴う難しさなんて気にならなかったんだと思います。

ただ、いまになって振り返ると、その自信が、もしかしたら過信に変わっていたところもあったのかもしれません。

加入した当時、シュトゥットガルトはブンデスリーガ二部に降格したばかりで、なんとしても一部に戻ろうとするシーズンの始まりを迎えていました。合流してすぐ、九月八日には1．FCハイデンハイム戦に途中出場して、九月二十日のアイントラハト・ブラウンシュヴァイク戦で初アシスト。十月三十日のカールスルーエSC戦では初ゴールを記録することができました。

環境の違いに適応する難しさは、たしかにありました。日本でプレーするのと同じようにできることもあるけれど、できないこともある。でも、試合で使ってもらえているうちはそれほど気にならなかったし、自信もありました。

なんとなく違和感を覚えるようになったのは、やはり試合に出られなくなってからだと思います。2016－17シーズンのラスト数試合、そのあたりからぼくは満足な出場機会を確保することができませんでした。

感情的には、悔しさと同時に「なんで出られないんだ」「おれを出してくれよ」という感情も湧きました。「出してくれたらできるのに」という自信はずっともっていたし、もちろんいまでも失っていません。

でも、振り返って考えてみると、試合に出られなくなりはじめたころのメンタリティーは、たとえばサンフレッチェ広島にいたころとは少し違うものでした。そこに、わずかな過信があったのかもしれません。

高校を卒業してサンフレッチェ広島に入ったばかりのころは、自信はあったけど、試合に出られないことが当たり前でした。そこからどんどん上をめざして、練習で少しずつ結果を残し、試合に出られるようになった。試合で結果を残せるようになるまでには時間がかかったけれど、とにかく、あのころはほとんど右肩上がりの成長曲線を実感していて、毎日の練習が楽しくて仕方ない状態でした。

ところが、シュトゥットガルトで過ごした二シーズンは、広島時代とはまったく逆。Jリーグで活躍して〝イケイケ〟の状態でこちらに来て、すぐに試合で使ってもらうことができて……。正直なところ「試合に出て当たり前」と思っていた時期があり、そこに甘さがあったと思います。

広島時代、右肩上がりの成長を感じられなくても、最低でも〝水平〟に進んでいるという感覚はもっていました。少なくとも、右肩下がりを感じるような時期はなかった。でもドイツでは、どれだけ自信をもっていても残す結果は右肩下がり。その戸惑いが、ドイツに来て初めて感じた〝壁〟でした。

一年目から試合に出ていても、下から追い上げてくる選手のことを意識して競争しなければいけなかったと思います。意識しすぎてもダメだけど、当時のぼくはその部分が足りなかった。

とはいえ、そんな自分に失望しているわけではありません。結果的には右肩下がりの成長曲線を描いてしまったけれど、それによって、また右肩上がりに修正することの面白さや楽しさ、試合に出ることのありがたみや幸せを感じるようになりました。右肩上がりを取り戻すチャレンジは簡単じゃないけれど、自信だけはある。ぼくにとっては踏ん張りどころ。厳しくて難しい状況を、なんとしても自分の力で打破しなければなりません。

ブンデスリーガとJリーグはこんなに違う

「ブンデスリーガのレベル」については、いろいろな人からよく聞かれます。ただ、Jリーグとはサッカーそのものの性質が違いすぎると感じていて、比べようがありません。

「日本と世界」という意味でその違いを比較するなら、日本代表の一員としてブラジル代表やベルギー代表など世界トップレベルの国と対戦すると、やはり、選手個々のレベルの違いを痛感します。その点は、世界からトップレベルの選手が集まるブンデスリーガでも同じ。同じドイツ国内でも、ブンデスリーガ一部と二部のあいだにも「個のレベル」における差は感じています。

たとえば、一対一の局面。ブンデスリーガと日本では、守備のやり方に大きな違いがあります。

Ｊリーグでプレーしていたころは、ボールをもっている自分のタイミングやペース、リズムでプレーすることができました。でも、こちらでは同じ感覚でプレーすることができません。ボールをもっているときだけじゃなく、オフ・ザ・ボールの動きも同様です。

Ｊリーグでプレーしていたころの自分が、対峙《たいじ》する相手に対して〝自分の間合い〟で仕掛けられた理由は、まず、ぼくの武器がスピードであることを相手の選手が理解していたことにある気がします。ボールをもって前を向き、一対一の状況になったとき、相手はぼくのスピードを警戒して、積極的にボールを奪いに来ません。それが構えた雰囲気でわかってしまうから、自分の間合いで勝負できる。

一方、ドイツでは、ぼくの武器がスピードであることを相手がわかっていたとしても、それに合わせて構えるプレーを選択しません。一対一の状況になったら、迷わずボールを奪いに来る。

こちらの守備はよく「一発でかわされる」といわれますが、そのぶん、一発でボールを奪うチャレンジをしてきます。だから、向き合った相手の足がどれだけ遅くても、一発のタックルやボディコンタクトで奪われてしまうことがある。日本のようにスピードを警戒して下がりながらサイドに追い込み、タイミングを見計らって身体を入れてくるという〝数段構え〟の守備を、ブンデスリーガの選手たちはほとんどしません。

そうした守備の特徴は、ブンデスリーガだけではなく、ヨーロッパのリーグ全体に共通していると思います。Jリーグと見比べてみるとわかるかもしれませんが、そういう守備が定着しているから、個人の局面ではワンプレーで攻守が入れ替わりやすい。相手がチャレンジしてくるからこそ、相手をかわせることもあれば、奪われることもある。とにかく、対峙する相手の迫力が違う。一対一の守備に対する方法論の違いは、日本人の攻撃的な選手なら最初に感じる違和感で、その違いは決して小さくありません。

日本のDFに〝しつこさ〟は感じない

それからもう一つ。スピードを武器とするぼくですが、こちらではそのスピードを簡単には発揮させてもらえません。

サイドのタッチライン際に開いたぼくが、相手最終ラインの背後でパスを受けるためにトップスピードで走り出すとします。当然、相手ＤＦはその動きに反応して並走する。日本では、相手ＤＦの走るスピードよりもぼくが速ければ、ほとんどの場合、パスを受けるまでに相手を置き去りにできます。余裕をもった状態でパスを受けて、シュートまで持ち込むシーンを何度もつくることができました。

でも、ブンデスリーガでは単純なスピードが通用しません。

トップスピードに乗ろうとするぼくと並走するとき、こちらの選手たちは自分の身体をぼくにぶつけながら走ろうとします。そうしてスピードを殺しながら走ろうとするため、相手がどんなに足の遅い選手でもなかなか振り切れず、トップスピードに乗らせてもらえない。

その感覚は、試合だけじゃなく練習でもあります。「なんでコイツに勝てないんだろう」と思うことがよくあるけれど、とにかく身体のぶつけ方と腕の使い方、スピードを殺してパワー勝負に持ち込む守備がうまい。その技術については「やっぱりすごい」と感じるし、日本では体感できないものだと思います。

一対一の局面における守備の方法論として、日本人選手は対峙する相手が自分より「速い」と思った瞬間、一〇〇％のスピード勝負を避けようとする傾向にあります。

同じように、相手が自分より「強い」と思った瞬間にも、一〇〇%のパワー勝負を避けようとする。それが一般的な方法論です。

でも、こちらでは足が遅い選手でも、反応が鈍い選手でも、つねに一〇〇%の勝負を挑んでくる。スピードを駆使して一瞬「抜けた！」と思っても、そこから身体や腕をうまく使って引き下がらず、最後の最後に足を伸ばしてボールをつついてくる。スピードで振り切ろうとして「よっしゃ！」と思う瞬間があっても、そこからスピードを上げさせてもらえない。並走するDFのパワーは、ブンデスリーガ一部でプレーするようになってからいっそう強く感じました。

日本人の守備はよく「しつこい」「粘り強い」といわれますが、個人的には逆じゃないかと思います。しつこいのはむしろこちらの選手で、一度身体をぶつけられたらなかなか振り切れない。ぼくの個人的な感覚では、下がりながら構えてくれる日本のDFに〝賢さ〟は感じても、〝しつこさ〟は感じません。

とはいうものの、そのJリーグとブンデスリーガの〝違い〟が、自分にとって〝壁〟になるとも考えてはいません。

自分の仕掛けがすべて止められているわけではないし、一対一の局面のすべてで

「やられた」と感じるわけでもない。相手もリスクを冒した守備をしているから、抜けるときもあれば、そうじゃないときもあるのは当たり前。むしろ、パワーでスピードを殺そうとする駆け引きがうまい選手を相手にしても、「やれる」と感じる瞬間はたくさんあります。だから、一対一の局面においてぼくが直面しているのは、壁ではなく、一つの現象に過ぎない。たしかにレベルは高いと感じるけど、勝てないわけではありません。

それを証明するためにも、まずは数字に表れる結果を残さなければなりません。つまり、ゴールという成果を挙げることこそが課題です。

一対一の局面で競《せ》り勝って、いいかたちでシュートまで持ち込む場面はつくることができている。その手応えはたしかに感じているけれど、やはりFWとしてはゴールという結果を残さなければ評価されない。シュートまで持ち込むことができていてゴールが足りないのだから、その精度を高めることに集中しなければいけません。

「シュート精度を上げるために何をすれば？」とよく聞かれるのですが、はっきりした答えはありません。

狙ったところに蹴る技術、つまりキックの精度を上げるのは当たり前ですが、狙ったところに打ってもGKに止められることはあるし、逆に、当たり損ねのシュートが相手の意表を突いて入ることもある。ゴールを決めるために必要なのは、技術だけではないと思います。

もちろん、運もその一つです。その運を摑《つか》み、ポジティブな流れに変えるためには、継続的なチャンス、少しでも多くの出場機会をもらうことが必要。しかしそれを得るためにこそ、結果を出さなきゃいけない。だから、練習でどれだけ大きな手応えを摑んでいても、それを評価してもらえなければチャンスをもらえないし、チャンスがなければ、運を手繰り寄せてポジティブな流れに乗ることもできません。とても矛盾するようだけど、このサイクルを抜け出せなければ結果にはつながらないのです。

だからこそ、大切なのは我慢強くチャンスが訪れるのを待ち、それがめぐってきたときに一発で仕留めること。もしそれができても評価されなかったとき、または、それができなかったときにどうやって〝次〟のチャンスを生めばいいのかはわかりませんが、それはそのときが来たら考えればいい。

自分には、チャンスを仕留める力があると思っています。できる自信もある。だけど、個人的な自信は他者から見た評価につながらないし、結果だけがものをいうことも理解しています。

未来の自分は、いまの自分に求められている結果を手にしていると信じています。その結果が〝過去〟のものに変われば、〝いま〟の自分が評価される。だから過去をよくするためにいまを頑張り、手にした結果を未来につなげたいんです。

選択肢を削り、判断スピードを上げる

あまりイメージがないと思うし、そう見られてもいないと思いますが、じつはぼく、足下のテクニックにはそれなりに自信があるほうです。

ただ、それもドイツに来てから「難しいな」と感じていることの一つ。一対一の場面、一発でボールを奪おうとするドイツでは、リスクが大きすぎて足下でテクニックをベースとしたプレーをする余裕がありません。そういうプレーを選択するシーンがどんどん減っているから、自分がヘタになったと思えるくらいです。

パスを受けて、次に何をするか。それについても、Ｊリーグとブンデスリーガでは大きな違いがあります。

スピードを生かして縦に仕掛けるか。縦に行くと見せかけてなかに預けるか、後ろに下げるか。もしくは、テクニックを駆使して勝負するか。選択肢がいくつもあるなかで、日本にいるときは「テクニック」もその一つでした。でもいまは、プレーの選択肢から「テクニック」がなくなっていることが自分でもわかります。

なぜ選択肢からなくなるのか？　まず、自分に余裕がないときにはそういうプレーをしようと思えません。相手が足ごと削りに来るようなタックルを仕掛けてくることがわかっていたとき、リスクを冒してボールをいなすような持ち方はできない。つまり、先ほどお話ししたJリーグとブンデスリーガの守備のプレースタイルの違いによって、ぼくの場合は「テクニック」という選択肢の優先順位が、かなり低くなっているということです。

選択肢が多ければ、そのぶん、迷いが生じます。寄せが速くて身体ごとぶつけてくる相手に対しては、テクニックを駆使して抜こうとするよりも、身体をぶつけてボールを収める、少し強く押し出してスピード勝負に持ち込む、または後方のチームメイトにシンプルに落として裏に抜けるなど、まずは〝ボールを奪われないための選択肢〟に集中したほうが、ボールを失う可能性が減ります。そこに「テクニック」という選択肢を加えてしまうと、判断スピードが遅くなる可能性があり、逆に、選択肢を限定することができれば、判断のスピードは上がる。

つまり、ある場面において数ある選択肢を限定することは、ぼく自身がこちらで生き残るため、一対一の勝負に勝つための必然的な変化です。ただ、一度失ってしまった選択肢を取り戻すのは簡単ではありません。

そもそも余裕がなければテクニックで相手を上回ろうという気になれないし、使わなければ技術も落ちる。技術が落ちればアイデアも湧いてきません。

海外でプレーしている日本人選手、とくに攻撃的なポジションの選手に関しては、ほとんどの選手が相手の選手とのパワーの違いに直面して、それぞれの特徴に応じて選択肢を減らす作業をしているのではないかと思います。ぼくの場合、スピードなら「勝負できる」と感じているから、裏に抜けるタイミングや意識は日本でプレーしていたころよりも高まっている。

サンフレッチェ広島時代のぼくは、ボールをもって、前を向いたらドリブルで仕掛ける場面も少なくありませんでした。いまはそれがかなり減ってしまったけれど、それは〝ドイツのサッカー〟に適応するための変化だから受け入れるしかない。少し寂しい気もしますが、そのぶん、自分の武器を磨くチャンスだと考えています。

「自分にしかできないプレー」とは何か

そういう意味では、たぶん、(香川)真司さんも同じ感覚を味わっていたんじゃないかと思うんです。それでも、真司さんの場合は「テクニック」という選択肢を削っているようには見えません。

これは完全に想像でしかありませんが、真司さんの場合、同じ感覚を味わったとしても、それを〝壁〟と感じないままプレーできたからじゃないでしょうか。

ドイツのなかでもレベルの高いボルシア・ドルトムントで、移籍一年目からあれだけ活躍できたということは、選択肢を削る作業を必要としなかった。自分の技術で相手のパワーを上回ることができたから、それを難しいと感じるよりも「次はこれをやってみよう」というポジティブなサイクルにすぐ入れた。つまり、次の可能性を試せる環境を、自分でつくることができた。そこがぼくと真司さんの特徴の違いであり、単純に技術レベルの差だと思います。

真司さんの場合、相手を背負った状態でパスを受けても、身体のフェイントやコントロールの駆け引きで相手の逆をとり、前を向けます。でも、ぼくにはそれだけの技術がないから、「来ている」と感じたら、味方に預けて裏に走るほうが成功の確率が高い。そのとき「前を向く」という選択肢を最初から消してしまったほうが、判断のスピードも、プレーの精度も上がります。

選択肢を減らすことを〝壁〟と表現しましたが、先ほどもお話ししたように、実際にはそれを壁だと感じているわけではなく、悩んでいるわけでもありません。自分の特徴を客観的に見極めれば、できること、つまり裏に抜けるプレーの質を上げることを優先すべき。もちろん、そのためには相手を背負った状態で味方に落とすパスの精度を上げなければいけませんが、そうやって自分がもっている武器を磨けば、十分に通用すると思います。

自分が置かれている状況を考えれば、残念だけど「ボールをとられてもいいから仕掛けてみよう」とは思えません。試合でも、練習でも、一度のボールロストが命取りになる状況にあるからこそ、選択肢を削ることに対する未練もない。

いまのぼくが強引に仕掛けてボールを奪われれば、「シンプルに預けて走れ」といわれますが、FCバルセロナのリオネル・メッシが強引に仕掛けてボールを奪われても、おそらく誰も何もいわない。真司さんもそれに近い状態にあるからこそ、やっぱり、環境を変えてからの〝最初の成功〟が、いかに大切かがわかります。

ぼく自身、Jリーグでプレーしていたころはプレーの選択肢が多いほうだと自覚していました。でも、ドイツに来てそれを削っているということは、テクニックについては、その時点で不足がある。一定のレベルでは発揮できるテクニックでも、その上のレベルでは、選択肢としてもつこと自体が難しい。

だからといって、それをネガティブに捉える必要はありません。真司さんと同じプレーはできないけれど、真司さんもぼくと同じプレーはできないはず。自信をなくす必要はないし、自分にしかできないプレーの質を追求したいと思います。

監督の目を無視できるメンタリティーを

第1章でも触れましたが、Jリーグとブンデスリーガ、日本とドイツの違いといえば、やっぱりメンタリティーの部分が大きい気がします。

シュトゥットガルト一年目の2016‐17シーズン、ヴォルフ監督に少しネガティブな意味で〝目をつけられている〟と感じていたことはお話ししました。

ぼくはヴォルフ監督の目を過剰に意識しすぎてしまい、トレーニングに集中できない時期がありました。監督が近くにいることがわかった途端に、簡単なミスを繰り返してしまったんです。

監督が〝目をつける〟対象は、時期によってコロコロ変わりました。でも、それを気にしていたのはぼくだけで、こちらの選手たちは、何度名指しでミスを指摘されてもまったく気にしません。彼らは自分の感覚、自分の世界観だけでプレーしている場合が多く、どうやら、人に何をいわれても耳に入ってこないらしいのです。

もし、Jリーグにそういう監督がいたら、選手だけでミーティングを開いて、クラブに対応を求めることもあるかもしれません。でも、こちらでは選手たちが気にしていないから、試合に出られなければ、それで終わり。移籍先を探してあっさり出ていく選手もいました。

日本との違いとして、「海外の選手たちは自分のミスを人のせいにする」という特徴があることは、サッカーファンのみなさんなら、ご存じかもしれません。もちろんぼく自身もそれを感じていて、たとえ明らかな自分のミスだとわかっていても、こちらの選手たちはほとんど気にしない。

もし日本にそういうメンタリティーの選手がいたら、すぐにチームメイトからの信頼を失うでしょう。でも、こちらではほとんどの選手がそういうタイプなので、チーム内で〝浮く〟ことはほとんどありません。逆に、周りに何をいわれても自分のアイデンティティーを貫けるようじゃなければ、つまり自分のプレースタイルをあっさり変えてしまうようでは、それこそチームメイトからの信頼を失ってしまう。

海外リーグのそうした特徴は、ドイツに来る前から耳にしていました。でも、実際にそこでプレーしてみて初めて実感できたことも、たくさんあります。この問題もその一つ。想像していたよりも、もっと極端でした。

もちろん、そういう気質がマイナスに作用することもあると思うし、そういうキャラクターと比較した場合、協調性のある日本人選手が高く評価されるケースもあると思います。ただ、やっぱり、いまの自分にはそういうメンタリティーが足りない。監督の目を無視するくらいの強さがなければ、競争を勝ち抜けない。

こちらでプレーしている選手たちは、極端にいえば、「監督なんてどうでもいい」

とさえ思っているように見えます。どれだけダメ出しをされても、試合で結果を残せば監督は使わざるをえない。そうやって立場を逆転させれば、ストレスなんて感じることはない。日本人として本来もっているよさはもちろん残しつつ、やっぱり、こちらで生き残るため、結果を残すためにはそういうメンタリティーが必要だと痛感します。

《「運も実力」ではなく「運こそ実力」

シュトゥットガルトで出場機会をもらえない、うまくいっていない状況については、ひと言で言い表せないくらい、いろいろな感情がありました。

もちろん、悔しくて、悔しくてたまらない。ただ、日本のメディアでよく「苦しい状況」と表現されたけど、ぼく自身は「苦しい」と思ったことはありません。試合後のミックスゾーンで「苦しい状況ですけど」と聞かれると、イラッとすることもないし否定もしないけど、心のなかでは「そうじゃないんやけどな」と思っています。

難しい状況だけど、苦しくはありません。もし「苦しい」と思っていたら、いままでは違う行動を起こしていると思うから。たとえば極端な話になりますが、こちらでのプレーをあきらめて日本に帰るとか。

ぼくの素直な感情として、難しい状況をすべてひっくるめて、楽しめているんです。これだけ厳しくて、難しい状況がこれからどうなっていくんだろうと、未来の自分に期待しているところもある。もちろん、期待しているだけじゃダメだから、悔しい気持ちを力に変えて日々の練習に取り組んでいます。そういう毎日の積み重ねが、未来につながると信じて。

やっぱり、この世界で生きていると、「運も実力」ということをひしひしと感じます。いや、「運も実力」というより「運こそ実力」かな。

「アイツは運だけであそこまで行った」とか「高校のときはおれのほうがうまかったけど、アイツは運がいいから」とか、誰かに対してそういうことをいう人もいると思います。だけど、その運を掴むことがどれほどたいへんで、運というのは、本物の実力がないければ掴みとれないことを、痛いほど感じます。

ぼく自身、運を味方につけてきた選手だと自覚しています。でも、まだ本物の実力がないから、厳しくて難しい状況でもがいている。だから、運を掴んでどんどんレベルアップしていく選手のことを心からリスペクトしているし、運を掴む能力、運を引き寄せる能力を手に入れるためには、やっぱり単純にサッカーがうまくなるだけじゃダメだと思います。

ただし、こういう状況を経験できることも、最終的にはプラスに変えることができるはず。そのために、いまを精一杯頑張ろうとしていること、自分と向き合いながら毎日の練習に一〇〇％の力で臨もうとしていることも、決して悪いことじゃない。

だからこそ、本音をいえば「ワールドカップが二〇一八年じゃなければ」と思うこともありました。それがもう少し先だったら、もう少し心の余裕をもってチャレンジできるに違いない。ここまでコツコツ積み上げてきたつもりだけど、同じペースでやっていたら間に合わない。だけど、未来は未来に起きることじゃなく、未来はいま起きていることの先にあるものだから、目の前の現実としっかり向き合わなければいけない。

悔しさもあります。危機感もあります。ただ、覚悟もある。メンバー発表で名前を呼ばれても、呼ばれなくても、アピールしなきゃいけない現状は変わらない。出場をめざし、日本代表に入ることをめざしつづけることをモチベーションとして、「毎日一〇〇％」を貫くしかないんです。

人生は一度きり。だからチャレンジする

こうして並べてみると、やっぱり、Jリーグとブンデスリーガは何もかもが違いますね。人種も文化も違うから、サッカーに対する考え方、サッカー選手に対する見方がまったく違う。

なんとなく、あっさりしているところもあるんです。選手は試合に出られなければすぐに移籍を決断するし、勝てなければすぐに監督が替わるし、〝構想外〟のような立場の選手はどのクラブにもいる。そういう環境に子どものころから慣れているから、日本と違うのも当然かな、と。

とくに、移籍に対する考え方の柔軟さは、日本も見習うべきところかもしれません。日本では選手がクラブに守られている感じがありますが、こちらでは、選手がそれぞれ自立していて、クラブに頼ろうとしない。自分が生き残っていくために必要なことを考えて、それが所属クラブにないと判断すれば、すぐに新しい場所を探します。だ

からチームは半年間でガラリと変わる。そうやって動きが激しいからこそ、ここで勝負することに魅力がある。まずは〝一発当てる〟ために、コツコツ努力を積み重ねていく時間は充実しています。どこかのタイミングで、絶対に爆発したい。

そういう意味では、周りに何をいわれてもあまり気にならない性格は、自分にとって取り柄の一つかもしれません。一時期のぼくは監督の目ばかり気にしてミスを繰り返してしまったけれど、もうその心配はありません。

人によっていうことが違うし、感じ方も違う。だからすべてを聞き入れる必要はないけれど、なかには成長するためのヒントもある。それを逃さないように注意を払う。でも、最終的な正解は自分のなかにしかない。自分が正解を握っていると信じているから、やり方を変えるつもりはないし、自分なりのやり方で結果を残したい。

ドイツに来てからはほんとうに、海外でずっと勝負しつづけている先輩たちのすごさを感じます。海外でプレーしているから「すごい」ということにはならないけれど、こちらでプレーした人にしかわからない難しさに直面し、それに比例するだけの成長や成功を先輩たちは手にしている。

ぼくは海外で生活したいという願望がないタイプだから、いま自分がここでサッカーをしていることを不思議に思うこともありますが、もう少し、ドイツ語をちゃんと勉強しなければいけませんね（笑）。

とにかく、人生一回きり。この挑戦を楽しみながら、前に進みたいと思います。

第5章

浅野拓磨の「自分らしさ」

世界のサッカー事情にうといサッカー選手

この章では〝自分らしさ〟についてお話しします。何から話そうか悩みましたが、まずは「世界のサッカー事情にうとい件」について（笑）。

基本的に、サッカーは〝やること〟にしか興味がありません。

ここだけの話、サンフレッチェ広島に入ることが決まったときも、知っている選手は（佐藤）寿人さんだけでした。水くん（水本裕貴）のことも、森﨑兄弟（和幸・浩司）のことも知らなかった。周くん（西川周作）のことは、五輪を見ていたからかろうじて「見たことある」くらい。つまり、実質的には寿人さんだけ。ほんとうにそれくらいのレベルなんです。

水くんにはよく怒られました。

「お前はサッカーを知らなさすぎる！」

でも、これはもう仕方ないというか、どうしようもないというか……。

自宅にいても自分からサッカー中継を観ようとすることはありません。チャンピオンズリーグは、ドイツにいれば時差なく観られるからたまに。ツイッターなどで「いまやってるやん」とわかればテレビをつけますけど、どういうスケジュールでやっているのかも知らない。

ただ、これでもいちおう「それじゃヤバい」とは思うので、昔に比べれば観ようという気持ちはあるんです。絶対に観たほうがいいこともわかっている。でも、できない。できないということは、観ようという意志がない。

もしかしたら、日本人のプロサッカー選手で誰よりもサッカーを観ていないかもしれません。「おれにはそんなの必要ないぜ」なんてカッコつけてるわけでもないけれど、どうしてもダメなんです。

そんな感じだから、たとえば日本代表の合宿中なんてけっこう気を遣います。みんな、よく話しているんですよ。「あのチームのあの選手がヤバい！」とか「このあいだの試合、観た？」とか。そういう会話が聞こえてきたら、ぼくは逃げるようにしてその場から離れます。もしくは、聞こえていないというオーラを出します。会話に交ざってしまうと、あまりにも知らなくて怒られるから（笑）。

試合前のミーティングもたいへんです。

監督が次の試合の相手の予想スタメンを発表して、ＧＫから順番に名前をいう。Ｇ

Kは○○、右サイドバックは○○、センターバックは○○……。

それを聞きながら、「GKの人はめずらしい名前だなあ」と思った瞬間にもう終わり。気づいたときにはミーティングが終わっています。これ、ウソのように聞こえるかもしれないけど、ほんとうの話です。名前でも、身長でも、体重でも、とにかく何かのトピックに引っかかったら、そこから妄想が止まらなくなって、完全に心ここにあらずの状態。こんなこといったら、怒られちゃうかな（笑）。

そのときによって、何に引っかかるのかは自分でもわかりません。

たとえば、「相手のセンターバックは身長が一九五センチもある」と聞くとして、ぼくの頭のなかはこうなります。

「一九五？　デカいなあ。というか、おれ、マッチアップするやん。どうする？　もし途中出場だったらああして、こうして……」

そういう感じなら、イメージトレーニングっぽいからまだマシ。ひどいときはこんな感じです。

「右サイドバック、足速いの？　足が速いといえば、やっぱりウサイン・ボルトやな。ところで、ボルトとジャガーはどっちが速いんやろ。ジャガー？　それっておれのことやん」

妄想は膨らみに膨らんで、ミーティング終了。もうわかりますよね？　いつもそんな感じだから、選手の名前をまったく覚えられない。

先輩たちにはとっくにバレているので、たいがいからかわれます。「明日の対戦相手の選手名、一人でいいからいってみろ」と。

当然、妄想したばかりの右サイドバックの選手しか答えられません。

振り返れば、学校の勉強もそんな感じでした。

とくに顕著だったのは、歴史。何か一つのトピックに引っかかると、史実を無視した勝手な妄想だけが膨らんでしまって、自分の頭のなかに新しい歴史ができてしまう（笑）。ドイツに来てから先生についてもらってドイツ語の勉強をしていますが、これもダメ。

長々と「サッカー事情にうとい話」をしてきましたが、もちろんそれだけじゃありません。この話から何を伝えたいかというと、そういうぼくを、人がどう思うかということです。

先輩たちから「もっとサッカーを観ろ！」と何度怒られてもその姿勢を改めないこ

から。

とには、もちろん理由があります。それはずばり、ぼく自身が必要だと思っていない

サンフレッチェ広島に入ったばかりのころは、それこそいろいろな人から何度もいわれたし、サッカー事情にうといことをからかわれました。でも、数年後、ある程度の結果を残した段階で初めて会う人にそのことを話すと、「浅野くんって、面白いね」と解釈されることもある。日本代表では「ヘタなんだからサッカーを観ろ」といわれるけど、もしぼくが日本代表のエースになったら、やっぱり「面白いね」といわれるはずです。

ということは、ぼくが世界のサッカー事情にうといという事実は、それを受け取る側の立場や見方によって解釈が変わる。〝絶対的な正解〟じゃないなら、自分のスタンスを変える必要はありません。

何が必要で、何が必要じゃないか。ぼくの場合、それはすぐにわかります。「いつか必要なときが来るもの」もわかる。偉そうにいったら怒られるかもしれないけど、ぼくは世界のサッカー事情にうといサッカー選手として、この先も頑張りたいと思います。

世の中の「カッコいい」の基準って何だ

ファッションについても、「サッカーにうといこと」と同じ理由から、似た考えをもっています。

海外に来てからとくに感じるのですが、日本では、みんなが同じような格好をしているような気がします。流行《はや》りに合わせて洋服を選び、誰かが「カッコいい」といったら、このあいだまでそう思ってなかったはずなのに、みんないっせいにそれを着る。

ぼくはそれがよくわかりません。納得する必要はないかもしれないけど、どうしてもその心情が理解できない。

「誰かの真似をしない」というプライドをもっているわけじゃありません。単純に、誰かがカッコいいといったものじゃなく、自分がカッコいいと思うものを着たい。

ちなみにぼくは、いつかのジャスティン・ビーバーみたいなファッションがすごく好きだったころがありました。ちょっとダボッとした服装に、ハイカットのスニーカーを合わせて。まあ、いまでもそんなに変わっていないのですが、日本にいるときから周りに「ダサい」といわれることが多々ありました。

ぼくのファッションに対して「ダサい」というのはいい。けれどあなたが着ているその洋服は、いったい誰から見て「カッコいい」ものなのか。ほんとうに自分が心からカッコいいと思っているのか。もしかしたら、他の誰かがカッコいいといっているだけじゃないか。

ファッションって、たしかに〝誰か〟にカッコいいといわれたいから着飾るんだと思います。だから、みんながカッコいいと思う流行りに乗るのは当たり前のことかもしれないけど、誰かの影響を受けてカッコいいと思ったものが、そのままカッコよさの基準となるのはおかしい。

そういう意味で、ぼくはブレません。自分がカッコいいと思うものはカッコいい。

もちろん、これもたんなるファッションの話ではありません。誰かを真似したり、影響を受けすぎるのは違うんじゃないかということです。サンフレッチェ広島では水くん（水本裕貴）の背中を見て育ってきたけれど、水くんの考え方や人生観のすべてをそのまま受け入れているわけでもありません。

ぼくはぼく。違うものは違う。だからぼくは、たった一つの正解をつくりません。

いろいろなものを見て、いろいろな考え方を吸収して、確固たる〝自分らしさ〟をつくりたいんです。

砂糖とミルク入りのコーヒーはダメですか？

もう一つ、ヘンな話をします（笑）。

みなさんは、コーヒーをどうやって飲みますか？　ブラックですか？　砂糖入りですか？　ミルク入りですか？　それとも両方？

ぼくは完全に〝両方派〟です。コーヒーは、ミルクと砂糖をちゃんと入れたヤツがいちばんうまい。ずっと昔からそう思っています。

性格的には少し潔癖症というか几帳面なところがあって、ミルクと砂糖を入れたら、かなりじっくりかき混ぜます。砂糖がちゃんと溶けていないとなんとなくイヤで、しかも、砂糖の甘さが全体的に均一になるような混ぜ方をしたい。つまり、砂糖の甘さがカップの下に沈まないように、上のほうにもちゃんと甘さが行き渡るように、きちんと縦方向にも混ぜるということなんですけど（笑）。

ただ、そういうのってほとんど無意識なんですよね。

代表に入ったばかりのころ、まだほとんど話したことがなかった宇佐美（貴史《たかし》）くんにいわれました。

「お前、めっちゃ混ぜるな。さっきからずっと混ぜてるで」

しかも、そのときはカプチーノにミルクを入れただけでした。砂糖は入れてない。それでもめっちゃ混ぜてて、でも自分では無意識だったから「たしかに」と。そのとき、初めて自覚しました。おれ、そういえばめっちゃ混ぜるやんと。

まあ、よく混ぜるかどうかの話ではなく、コーヒーをどうやって飲むかという話なのですが……。

ほら、たまにいるじゃないですか。「まだ砂糖とミルク入れてるのかよ」とか「コーヒーはブラックで飲むからうまいやん」とか、コーヒーの飲み方を決めつけてしまう人。しまいには砂糖とミルクを入れることを「ダサい」という人もいる。でもこれ、ファッションの話と同じです。そうやって誰かがいっていたようなことを自分の価値基準に変えてしまうほうがダサい。コーヒーをブラックで飲めるからといって決してカッコよくはないし、何を入れるかなんて人それぞれ。ファッションだって、コーヒーだって、その人にとって「カッコいい」と思うものを着て、「おいしい」と思う飲み方で飲めばそれでいい。

たとえばドイツでは砂糖を二本入れる人もいるし、二本も入れても少ししか混ぜない人もいる。「下のほうに砂糖たまっとるやん」とか「そんなに入れたら太るやん」とか思うところはあるけど、やっぱり人それぞれ。その人が「おいしい」と思う飲み方で飲めばいいだけです。

だからぼくは、コーヒーには砂糖とミルクを堂々と入れて、延々とかき混ぜます。きっとみなさんにも日常の些細な場面で〝それぞれ〟のやり方があると思うので、もしどこかで会ったら、ぜひ教えてください（笑）。

小学校時代のコーチに会って驚いたこと

〝自分らしさ〟についてお話ししているうちに「おれってやっぱり変わってるのかな」と思い始めたので、サッカーの話に戻します。

ぼくの場合、家族も含めて、育ってきた環境に本気で感謝しないといけないと思います。小学校、中学校、高校と、それぞれのカテゴリーでサッカーを教えてくれた先生方には、とくに感謝しています。みなさんとはいまでも仲良くさせてもらっているし、実家に帰れば会って話したりもします。その時間が、ぼくはけっこう好きです。

このあいだ、小学生時代のコーチがこんなことをいっていて、ぼくは少し寂しい気持ちになりました。

「あのころの教え方を少し後悔している。自分は指導者として未熟だったと思う」

びっくりしました。ぼく自身はまったく思い当たらないし、小学生のころは楽しかった思い出しかなかったから。むしろコーチに怒られながらプレーしていたり、勝つことだけを考えてプレーさせられている相手の選手を見て、「この子たちはサッカーが楽しいのかな？　おれたちはこのチームでプレーできてほんとうに幸せだな」と思っていたくらいです。

「当時はある選手に対して怒る回数が少し多かったり、全員が楽しかったのかな？」とコーチはいっていました。チームとしてはつねに勝つことも目標としていたから、あまり試合に出られない選手もいて、心が痛かった、と。その話を聞いて、「おれ、周りが見えてなかったな」と感じたんです。試合に出ている選手も、出ていない選手も含めて、全員がサッカーを楽しんでいたと思っていたから。

だから、そういうチームを指導していたコーチ自身がそう思っていたということが、少し悔しかった。そこで、ぼくはこう伝えました。

「コーチにはみんなサッカーの楽しさを教えてもらったし、みんな感謝しているはずです！」

たまにコーチが指導しているチームに顔を出すことがあります。自分の小学生時代から十数年後のコーチは、昔とは少し変わっていて、ぼくから見てすごく優しくなったと感じます。

ぼくらの時代には「勝つこと」にもこだわっていたコーチは、いまは「サッカーが楽しいと思って好きになってくれればいい」と語ります。たしかにそのとおりと思う半面、心のどこかで寂しさも覚えます。

「勝つこと」にもこだわっていたといっても、ぼくらはちゃんと「楽しさ」も感じていました。そのどちらも味わうことができたから、ぼくらはサッカーが好きになったし、うまくなりたいとも思えた。もし、自分がいま小学生を教える指導者だったら、コーチに教わったことを同じように伝えたいと思います。

リフティング五〇〇〇回を達成できた理由

少し厳しい言い方かもしれないけれど、子どものころから「試合に出られないからといって、あきらめてしまう選手はそれまで」と考えていました。それは、自分に対しても同じ。試合に出るためには努力が必要で、頑張って、力をつけた選手が試合に出られるのは当たり前。

なかには練習中に寝転がっていたり、遊んでいる子もいました。それを見て、当時のぼくは「サッカーをしに来ていないのかな？　コイツには絶対に負けたくない」と思っていた。もちろん、サッカーの楽しみ方は人それぞれだから、直接そういうことはなかったけれど。

その考え方は、いまでも変わりません。

勝ちにいかなきゃいけない公式戦で、試合に出られる選手と出られない選手がいるのは、いろいろ思うところはあるけど仕方のないこと。そのために日ごろの練習からみんなで頑張り、勝つことにもこだわりながら、楽しいと思えるサッカーをやりたいし、やってほしい。

もちろん、子どものころに一所懸命に練習したからといって、誰もがプロになれるわけではありません。だから、子どものころにサッカーに打ち込むことの目的を〝仲間〟をつくることにして、小学生に平等に「楽しさ」を伝えたいという考え方も大切だと思います。やっぱり、子どもたちにはサッカーを楽しんでほしいから。

ただそのなかでも、選手それぞれには個性があって、それぞれが努力している。その努力を評価してもらえる環境のなかで、平等な競争があったからこそ、それがいまの自分につながっていると思うし、その環境があったことに、ぼくは感謝しています。

いま思えば、子どものころのぼくは、努力の成果をコーチに認められることが嬉しくて、もっと練習したい、うまくなりたいと思っていました。そしてその気持ちが楽しさにつながっていた。だから、まだ直接伝えたことはないけれど、「コーチにサッカーを教えてもらわなかったら、絶対にプロにはなれませんでした！」といつも思っているくらい、感謝しています。

小学校のころ、リフティングを一〇〇回できないとトップチームに上がれないという基準がありました。

小学三年生のとき、ぼくはまだ一〇〇回できなかった。でも同級生に一人、すでにトップチームに上がっている選手がいました。

ぼくはそれがめっちゃ悔しくて、家でもどこでもずっと練習しました。

もしその基準がなければ、そもそもぼくはリフティング一〇〇回を達成するための努力をしなかったんじゃないかと思います。努力を促す基準があったからこそ、小学六年生になったとき、ぼくはリフティングが五〇〇〇回以上もできるようになっていました。

当時のチームメイトも、みんなそういう環境に対して「心から楽しかった」と思っていると思います。少年サッカーの環境はどんどん変わっているから、教え方の議論はすごく難しいけれど、少なくともぼくは、子どものころに「楽しむこと」と「努力すること」のどちらも教えてくれたコーチの指導に、心から感謝しているんです。

生涯の親友となる少年時代のライバルたち

昔のことを思い出しながら熱く語ったら、ちょっと泣きそうになりました(笑)。

サッカーを通じて、生涯の親友もできました。ぼくにとって、ハギカズヨシとマツオカズキは、少年時代のライバルであり、大親友です。

ぼくとマッオは保育園から高校までずっと一緒。カズヨシは違う小学校だったけど、当時から三人とも三重県トレセン（トレーニングセンター）に入っていました。そのころはぼくだけが東海トレセンに選ばれることもあったりして、それがちょっと嬉しかったり。

でも、中学生になって周りの身体が大きくなりはじめると、少し状況が変わりました。一度か二度、三人のうちぼくだけが東海トレセンから外された時期があって、それがめちゃくちゃ悔しかった。そういうとき、カズヨシは急に〝上から目線〟になったりします。それを感じたぼくは、心のなかでこう思っていました。

「マジで覚えとけよ！　いまだけ調子に乗ってろ！　プロになるのはおれや！」

中学三年になるとぼくの身長も無事に伸びて、お互いの立場が逆転したり、また追いついたり。ぼくが一つ上の学年のトレセンに選ばれたとき、それから、プロになったときは心のなかでこう思いました。

「ほらな！」（笑）。

カズヨシはＧＫだからポジションは違ったけど、お互いに意識し合う関係性がすごく楽しかった。ありがとう。

そもそもぼくがサッカーを始めたのは、もう一人の親友であるマツオの影響でした。保育園のころからサッカーの練習会場ではいつも一緒で、そのころからアイツはめちゃくちゃうまかった。ぼくよりもずっと。

小学校三年のとき、誰よりも早く「リフティング一〇〇回」を達成したマツオは、トップチームに入りました。ぼくはそれが悔しくて、毎日毎日リフティングばっかり。やっとトップチームに上げてもらったときは、もうめちゃくちゃ嬉しくて。

チームではマツオがアシスト役で、ぼくが点取り屋でした。地域では「カズタクコンビ」といわれて、ちょっと有名だったんです。それからは中学校も高校も一緒。いつもいちばん近くにライバルがいてくれたからこそ、ぼくも成長できたことは間違いありません。小さいころから一番のライバルであり、一番の仲間でした。

ライバルといえば、同じ四中工には田村翔太がいました。二年のときに冬の選手権で準優勝した四中工2トップの相方です。同じポジションで切磋琢磨することで成長したし、二人ともプロになれたことが嬉しかった。同じFWとして、ずっと競争してきましたから。

子どものころから自信家だったぼくは、マツオにもカズヨシにもタムショーにも「負けた」と思ったことはありません。

ただ一人、同じ三重県の津工業という高校に、「もしかしたらおれよりすごいかも」と思えるヤツが一人いました。正直なところ、それまでは自分よりすごいと思える選手と向き合ったことがなかった。でも、その選手に対しては「うわ！　おれよりすごいかも」と初めて思ったし、周りの反応もぼくより彼のほうがうまいと思っていることが、なんとなくわかりました。

もちろん、もっと広い視野で見れば、自分よりうまいヤツがゴロゴロいることは想像できました。だけど、最終的に自分を信じて突き進むことが大事であることも、その時点で自分なりに理解していたつもりでした。

たぶん、そういう人って、世の中にたくさんいると思うんです。中学生や高校生のころにめちゃくちゃ評価されていたけど、プロの道をめざさなかった人もいるし、ほんの少しの運が足りなかった人もいるし、ケガなどのアクシデントであきらめざるをえなかった人もいる。プロになるために必要なのは、たぶん才能だけじゃありません。だからこそ、どんなに苦しいことがあっても、ぼくは自分を信じ続けました。

生涯の親友となるライバルがいて、みんなと切磋琢磨できたぼくはほんとうに恵まれていたと思います。プロになって、自分よりうまくてすごい選手に囲まれる世界に身を置いているいま、あらためてそう感じるんです。

部室に貼られた四中工の「サッカー理念」

保育園からの親友マツオとともに三年間を過ごした四中工サッカー部には、部室に貼られる「サッカー理念」があります。

それはサッカー部としての行動指針のようなもので、たとえば「プロサッカー選手をめざそう」もその一つ。もしかしたら、どの学校の部室にも似たようなものが貼り出されているかもしれません。それ自体は決してめずらしいものではない〝部活あるある〟の一つで、ずっと貼られているものだから、普段は気にならないし、毎日口にするわけでもない。

つまり、ほとんどのサッカー部員にとってはたんなる〝一枚の紙〟。記憶に残っていたり、つねに意識したり、心に引っかかりつづけている人なんて……もしかしたらぼくしかいないかもしれません。

「誰からも応援されるチーム・選手になろう」

高校時代のぼくは、こう書かれたサッカー理念の意味を、ずっと考えていました。誰からも応援されるチームになる。それってすごく当たり前の目標であって、とくに新しい言葉でも、カッコいい言葉でもありません。でも、ぼくには強く印象に残っていて、本気で「めちゃくちゃ大事なことやな」と思えた。

ある意味、こういうのに弱いんです。意味を考えて、それを一〇〇％信じることで何かが生まれると思っている。

「誰からも」ということは、文字どおり「全員」。学校でいえば、担任の先生や各教科の先生もそう。とにかく「全員」のことを意味します。

では、サッカー部とはまったく関係のない先生たちに応援してもらうためには、どうすればいいのか。

ぼくは昔から、ちゃんと挨拶をすることを習慣にしていました。ただ、それだけじゃ足りません。考えた結果、当たり前のことだけど、授業では絶対に寝ないと決めました。どんなに頑張っても勉強はたいしてできないけれど、たとえわからなくても、授業はちゃんと聞く。

先生も人間だから、その気持ちは伝わりました。「コイツ、頑張ってるな」と思ってもらえたからこそ、勉強ができなくてもそこそこの成績をもらえた気もします。つまり、そういうことの積み重ねが「誰からも応援される」につながると思ったのです。「誰からも応援される」ことの大切さは、きっと誰もが理解しているはず。でも、それを実現するために行動に移せる人はほとんどいません。スポーツをやっている人はよく「いろいろな人の応援が力になる」というけれど、ほんとうに、心からそれを実感できる人はそれほど多くない。なぜなら、誰に応援されてもやるのは自分で、自分が頑張って、自分が点をとれば成果を得られる。それだけの話だから。

でも、その言葉の意味を真剣に考えて、実現するために行動に移すことで、実際にポジティブな効果を得ることは必ずできます。極端な例だけど、その日の授業で一時間眠らせてもらえたら、午後の練習では一％でも二％でもいいパフォーマンスを発揮できるかもしれない。

「頑張れ！」と口でいうことだけが「応援」じゃない。実際に背中を押してもらえるパワーの種類は、もっと無限にあると思います。ぼくはそのことを、四中工のサッカー理念から学びました。

世の中の八割、もしかしたら九割くらいの人は、あの貼り紙を見ても何も思わないかもしれません。書いてある言葉を心から信じて、本気で頑張ったら何かあるなんて想像するほうが難しい。でも、ぼくは信じて頑張ろうと思える。「誰からも応援されるチーム・選手になろう」と書いてあれば、本気でそうなるための方法を考えて行動に移します。それは、〝仏壇のおばあちゃん〟に「プロサッカー選手になれますように」とお願いするのと同じことだから。

ぼくの「自分らしさ」は、この話にすべて表れている気がします。とにかく信じる。一度信じたら一〇〇%のエネルギーで行動する。信じる力のすごさを、ぼくは心から信じています。

第6章

サッカー日本代表のリアル

緊張をコントロールする方法を見つけた

自分ではけっこう、〝もってるほう〟だと思っています。

二〇一七年八月三十一日、勝てばワールドカップの出場権を獲得できるアジア最終予選・オーストラリア戦で先制ゴールを決めることができました。

あの試合、じつはお母さんと妹、それからおじいちゃんが観に来てくれていたんです。あの時期、シュトゥットガルトで試合には出ていたけれど、結果を出せなくて少し厳しい状況でした。ただ、ぼくの場合はよくない時期が続くほど、大舞台に強くなるところがあります。「失うものは何もない」と思うとリラックスできて、もともと〝もってる〟タイプだと自覚していたから、何かやれるんじゃないかと自分に期待していました。むしろ、ゴールを決められる気しかしなかった。

スタメンでの出場は、試合二日前の練習から予感していました。なんとなく、トレーニングでスタメン組に入っていることがわかったから、心のなかでは「おれ、来るやん！」と思っていて。チームメイトだけじゃなく、いろいろな人に「緊張してる？」と聞かれました。もちろん、「めっちゃ緊張してます」と答えました。

じつはこのころ、自分なりに緊張をコントロールする方法を見つけていたんです。そもそも、ぼくの場合は極度の〝緊張しい〟で、とくに大きな試合ではいつも必要以上に緊張してしまう。サンフレッチェ広島時代なんて、ずっと緊張の連続。練習でサブ組に入っているときはそうでもないのに、レギュラー組に入ると緊張するし、レギュラー組に慣れても試合に出場すれば緊張してしまう。ようやくリーグ戦に慣れたと思ったら、チームが勝つたびに舞台が大きくなって……。つまり、ずっと緊張の連続でした。

高校生のころまでそれがなかったことを考えると、やっぱり「自信」に由来するのかもしれません。ぼくはずっと「自信あります」といっているけれど、どこかに不安を抱えていることの裏返しかもしれませんね。

ただ、ボールが来るまではガチガチに緊張していても、「ボールが来たら絶対にできる」と思っている。なぜだか自分でもよくわかりません。思っているだけで、もちろん結果は別です。いざボールが来たら焦ってミスをすることもあるし、思うように足が動かないこともある。スペースに蹴って走れば勝てるはずなのに、緊張しすぎていると、足が重くて勝てる気がしない。

それでも「パス来い！　絶対に決める！」「おれに出せ！」「一対一なら絶対に勝てる」と思える性格は、きっと家族のおかげですね（笑）。そういうメンタリティーは子どものころに染みついたものだから、あらためて家族に感謝しなければいけません。

話を戻します。自分なりに考えた緊張をコントロールする方法は、「めっちゃ緊張してます」と周りにいいまくり、そういうオーラを隠すことなくオープンにしてしまう、ということでした。ピッチに立ったら、いかにも「緊張してます」というプレーをする。観ている人はもちろん、チームメイトにもバレないくらいの微妙なラインで。

ぼくにとっては、それが自分に対する〝宣言〟になります。「これはおれにとって普通のプレーじゃありません。緊張しているプレーです」と（笑）。

自分にそう言い聞かせれば心に余裕が生まれるし、ミスをしても「緊張しているから仕方ない」と考えられる。ネガティブな思考をもたずに頭を切り替えられれば、次のプレーにも響かない。

普通に試合を観ている人からしたら、「アイツ、ヘタやな」と思われるかもしれません。でもそれでいい。「緊張しているから仕方がない」と割り切ることが大事なんですから。

《 オーストラリア戦、先制ゴールの舞台裏

あのオーストラリア戦も、試合開始直後からミスを連発しました。ただ、チームメイトには「すみません！」と謝りながらも、心には余裕があった。どれだけミスをしてもいいから、とにかく一点とればいいと考えていたので、ミスをするたびにこう思っていました。

「今日のおれ、ひどいプレーやな！　緊張してるから仕方ないわ！　でも、ゴールを決めるのはたぶんおれやろな！」

あとはもう、「一発来い！　一発来い！」と念じながら。

0－0で迎えた前半四十一分。左サイドでボールをもった長友（佑都）さんが切り返した瞬間、ぼくはグッとスピードを上げて相手最終ラインの背後に飛び込みました。

「来たーーーーー！」

最高の瞬間でした。緊張のコントロールも含めて、狙いどおりのゴール。

試合前のウォームアップから、ずっとゴールのことばかり考えていました。

力が入っている雰囲気があったのか、ウォームアップが終わってロッカールームに戻るときに、本田（圭佑）さんが声をかけてくれました。

「本能的にプレーしろ。野性的にプレーしろ。ミスをしても何も考えるな。思ったとおり、自信をもってプレーしろ」

そのときのぼくは、試合のこと、それから、自分がゴールすることしか考えていなかったと思います。だからはっきりとした言葉は覚えてないけれど、その言葉が無意識のうちに頭のなかに入ってきた。実際、試合が始まってからはイージーなミスが続いたけれど、まったく気にすることなくゴールのことばかり考えていたし、野性的にプレーしていた。無意識のうちに、集中力を高めていました。

本田さんはたぶん、ぼくの性格やプレースタイル、技術がそれほどないことや前線でボールを収めるのがあまり得意じゃないことを理解したうえで、いろいろと考えてあの言葉をかけてくれた気がします。

ぼくと本田さんの関係性を考えれば、もしあのタイミングで噛み合わない言葉をかけられていたら、いわれたことをそのまま表現しようとした可能性もある。たぶん本田さんはそれも計算済みで、「野性的にプレーしろ」という言葉を選んだに違いありません。あの言葉の力は大きかった。

サムライのリアル①　本田さんはぼくと似ている

日本代表のチームメイトについては、代表に選ばれてから初めて接する人ばかりでした。

チームに合流する際、スタッフが空港まで迎えに来てくれました。移動の車中ではチームメイトについて「どんな人ですか?」と聞きながらイメージを膨らませて、それまでにぼく自身が抱いていた勝手なイメージと照らし合わせたりして。

実際に会って接してみると、ほとんどの選手がイメージどおり。チームの中心的な立場にある先輩たちも、それまでぼくが思い描いていた人物像とだいたい一致していました。

本田さんには、やっぱり特別なオーラがありました。あれだけキャラクターの濃い選手が集まっている代表チームのなかでも飛び抜けたオーラがあって、いい意味で、周りが一歩引いてしまうくらいの迫力がある。

外から見たり聞いたりしていただけのころは、もしかしたら、本田さんの考え方はぼくとすごく近いのかもしれないと思っていました。本田さんも意志を口に出して明確にすることを大切にしていて、それに向かって努力しようとする。

ぼく自身もそれが大切だと思っていたから、同じスタイルであそこまで上り詰めた本田さんがいるからこそ、自身の考え方が方向性としては正しいのかなと考えていました。

夢や目標って、ほんとうはわざわざ口にする必要はないと思うんです。それでもあえて口に出して発信するということは、つまり、世の中に対して先に自分の立ち位置をつくってしまおうということ。まずは高いところに看板を貼って、そこから逆算して自ら階段を積み上げていこうとする。

その看板は、現状の立ち位置から見れば、かなり高いところにあるように見えます。だから他人から見れば「高すぎて届かない」と思えるかもしれないけど、本人としては逆算して階段をつくろうとしているから、必ずしも非現実的じゃない。むしろ、高いところにつくるからこそ、モチベーションになる。

たぶん、本田さんはそういうスタイルで看板どおりの自分になって、その作業を繰り返してどんどん高いところに登っていった人。だから、説得力があるんです。

あくまで感覚的な意見ですが、本田さんもぼくと同じで最初から特別な能力をもっていたわけではなく、成長するために必要なものを見極めて、それをコツコツ積み上げていくことを〝近道〟と考える人じゃないかと思っていました。ぼくがいえることじゃないかもしれないけれど、考え方については、似ているところがあるのかもしれないと、初めて会う前から感じていたんです。

本田さんは話してみるとすごく優しくて、たくさん声をかけてもらい、気にかけてもらいました。本田さんだけじゃなく、日本代表の選手に対しては自分自身の芯のようなものをしっかりもっていなきゃいけないし、アピールしなきゃいけないと意識していたので、なんでも「はいはい」と聞くんじゃなく、求められれば自分の意見をはっきりいえるようにしたいと考えていましたが、それはいまでも変わりません。年齢に関係なくちゃんと自己主張しないと、あれだけ個性の強い選手が集まっている代表チームでは生き残っていけませんから。

サムライのリアル②　「伸びしろしかない」の真意

本田さんについては、もう一つ印象的なエピソードがあります。

代表の選手たちは合宿中に髪を切ってもらう人が多いのですが、いつかの合宿で、いつも本田さんを担当している美容師さんにぼくも初めて切ってもらうことになりました。その部屋には本田さんと（吉田）麻也《まや》さんがいて、順番に髪を切ってもらいながら〝未来設計〟の話をしたりしていたのですが、そのときに本田さんはこんなことをいっていました。

「おれはここからもっとすごくなるよ。いまが底辺だから、ここから落ちることはない。よくなることしかない。サッカーをやめてからもすごいことになるから、お前ら見とけよ」

あれだけの結果を残しているにもかかわらず、真剣に「いまが底辺」といえる本田さんのパワーに圧倒されつつ、同時に、その言葉を聞いて「やっぱり！」と思いました。レベルはまったく違うけれど、考え方は、自分とまったく同じだったからです。

サンフレッチェ広島で少しずつ結果を残しはじめたころ、試合後のミックスゾーンで話した言葉が記事になったことがありました。

どーんと出た見出しは「ぼく、伸びしろしかないんですよ」。たしかにそういったし、本音だったのに、サンフレッチェ広島ではチームメイトからかなりイジられました。「お前、本田圭佑かよ!」と。

でも、ぼくには、どうしてその発言がイジられるのか、まったく理解できなかった。「伸びしろしかない」という言葉の意味は、「いまが底辺である」ということ。ぼくのなかでは最大級に謙虚な言葉で、まだたいした結果も残していない自分は「いまが底辺」だから「伸びしろしかない」と、本音でそう考えていました。

その言葉をイジって笑う人に対しては、「あなたはもう上り詰めちゃったんですか?」と聞き返したくなるほどでした。「伸びしろしかない」はビッグマウスじゃなく、むしろベリースモールマウスのはず。それをバカにするのは、やっぱりちょっと違うな、と。

本田さんは、昔からよく「ビッグマウス」と形容されていました。でも、ぼくはその様子を見て、本田さんに対して「ビッグマウス」と表現する人のほうがほんとうのビッグマウスなんじゃないか？　と思っていた。謙虚な言葉を発している人に対して上から目線で笑うなんて、やっぱりおかしい。「伸びしろしかない」なんて当たり前のことで、それが記事になる意味もわからないし、それを読んで笑う人の気持ちもまったく理解できない。

本田さん、麻也さん、それからぼくがいた〝散髪ルーム〟で本田さんが「いまが底辺だから」といったとき、ぼくはあえて冗談っぽい雰囲気を出しながら、こういいました。

「え？　ぼくもいまが底辺ですよ。でも、もっともっとすごくなって、最終的には本田さんよりすごくなります」

表面的には冗談っぽく、でも内心は本気でした。当時のぼくは日本代表における新人だったから、二人とも「お！」という感じで少し驚いていました。本田さんは「お前、面白いな」といっていましたが、ぼくはぼくで、半分本気の意志を込めたつもりです。

本田さんは、初めて会う前から抱いていたイメージどおりの人でした。ほとんどテレビで見ていただけだから、会う前に抱いていたイメージは、たぶん一般のサッカーファンのみなさんが抱いているものと同じ。つまり、本田さんのキャラクターは、ファンのみなさんが想像しているとおりです（笑）。恥ずかしながら、本田さんが「いまが底辺」といったとき、「うわ！　やっぱりそういうこというんや！」と思ってしまいました。なんとなく嬉しくなって、ぼくも冗談っぽさで本気を隠しながら本音をいったんです。

唯一、気になっているのは、「いまが底辺」という言葉が「おれでもまだこう考えてるんだぞ、すごいだろ」というメンタリティーの表れなのか、それとも本気で「もっと上をめざさなきゃいけない」と思っているから出た言葉なのかということ。もちろん、後者でしょう。そうじゃなければ、いまの本田さんは存在しないと思いますから。

サムライのリアル③　麻也さんも緊張するのか

あ、そうそう、さっき話した緊張のコントロール方法ですが、あれを見つけるきっかけをつくってくれたのは（吉田）麻也さんでした。

たしか内田さんからLINEメッセージをもらった合宿の次の招集だったから、二〇一六年九月の最終予選だったと思います。

代表チームの試合当日は、試合前にホテルで軽食をとって、ミーティングをしてから出発します。ミーティング会場に向かう途中だったか、麻也さんとエレベーターで二人になって、いきなり聞かれました。

「緊張してんのか？」

ぼくはなんとなく「まあ、はい」みたいに曖昧《あいまい》に答えました。なぜか麻也さんに試されている気がして、心のなかでこう思ったんです。

「この大舞台を前に、緊張していることが正しいと思う人なのか、緊張していることが弱みになると感じる人なのか、どっちなんや⁉」

答えがわからなかったので、「はい」と「いいえ」の中間になるように答えを濁しました。ヘタに答えて怒られるのがイヤだったから、ちょっと探りを入れる意味で「まあ」みたいな（笑）。

少しだけ間があったので、「麻也さんは緊張します？」と逆に聞き返しました。たしか、麻也さんはこういっていたと記憶しています。

「するよ。というか、緊張しなくなったら終わりだろ」

その言葉を聞いて、「うわ、この人カッコいいわ」と思いました。誰が見ても日本代表の中心選手で、これだけずっと試合に出ていて、何度も大舞台を経験している人が、ぼくみたいなペーペーを相手に「緊張してる」といえるのがすごい。そのとき初めて、「緊張することは悪いことじゃないんや」と思えたんです。だから、緊張しているときは、素直に緊張してしまおう、そのままピッチに立とうと思えるようになって。

選手として「緊張しなくなったら終わり」というのが正解かどうかはわからないけれど、あのときの自分にはすごく響きました。

ほかの誰でもなく、麻也さんからの言葉だったから響いたのかもしれません。本田さんと同じく、ぼくが代表に入ったばかりのころから麻也さんはよく絡んでくれて、たくさんイジってくれていました。ただ、麻也さんに対しては独特の緊張感みたいなものを感じていて、接しやすいのか接しにくいのかわからないところがある（笑）。

だから、エレベーターのなかでたまたま二人きりになったシチュエーションもよかった気がします。なんとなく、あれだけプレッシャーのかかる試合の前に声をかけてくれたことが嬉しかったし、そういう試合に臨む心構えとして、単純に〝緊張したままでいい〟という考え方が、あの瞬間のぼくにハマった。

普段からよくイジられるなかで、〝リアクション力〟が問われる人やなと思っていました。だから「緊張してんのか？」とめずらしく真顔で聞かれたときに、一瞬、どう答えるのが正解なのか迷ってしまった。でも、極度の〝緊張しい〟であるぼくがコントロール方法を見つけられたのは、間違いなく麻也さんのおかげです。

麻也さんは、ぼくにとっては日本代表においてメンタリティーを鍛えてくれる存在です。最初から「ちょっと怖いキャラかも」というイメージをもっていたから、もしかしたらその偏見によって左右されてしまったところもあるのかもしれません。

そうそう、初めての合宿でレギュラー組とサブ組で紅白戦をやったときに、ぼくが麻也さんとマッチアップしたんです。空中戦で競り合いに行ったら、「お前、そんなんじゃ勝てねえぞ！」と。

「身体だけ当てて競り合うんじゃなくて、まずはボールを収めることだけ意識して身体を入れろ」と。ゲーム中にかなりキツめにいわれて、正直なところ少し戸惑いました。でも、その後もそういう感じでアドバイスしてくれるから、少しずつ愛あるムチなのかな、と。

麻也さんの印象はそれからずっと変わりません。先輩としての威厳みたいなものがきちんとあって、厳しい言葉も投げてくれる。いまでは、怒られるかもしれないけれど、麻也さんとどんどんマッチアップすることで成長したいと思っています。

《《 サムライのリアル④ 香川さんには〝オーラ〟がない

選手としてすごいことは誰もが知っているけれど、(香川)真司さんは、違う意味でもすごいんですよ。びっくりするくらい、オーラがない。

代表に入ったばかりのころ、めちゃくちゃ緊張していました。うわ、本田さんや! 岡崎(慎司)さんや! 長友さんや! って。ぼくなんてほんとうに知っている人がいなかったし、ほんの少し前まで高校生で、テレビで見ていたすごい選手たちがそこにいて、やっぱりイメージしていたとおりのオーラがそれぞれあって。

でも、香川さんだけオーラがないんです。だからめちゃくちゃ接しやすいし、初めて話したときから緊張しなくて驚きました。オーラがないというか、オーラが見えない接し方をしてくれて、ほんとうに、ものすごくいい人です。これ、ディスってるわけじゃありませんよ（笑）。

真面目な話、それってすごいことです。あれだけの結果を残して、世界的な知名度もあって、日本代表でも完全な中心選手がそういう雰囲気で接してくれるのはほんとうにすごい。ぼくみたいな後輩に対しても構えさせないし、むしろたくさん話しかけてくれる。しかも、〝気を遣って〟という感じの話し方じゃないから、もちろん敬語で話しますが冗談で返せたり。大袈裟に聞こえるかもしれないけれど、それって誰にでもできることじゃない。ぼくにそういう器はありません。

もちろん、本田さんや長友さん、岡崎さんもめっちゃいい人です。よく話しかけてくれるし、壁みたいなものをつくる人たちじゃない。でも、真司さんはまたちょっと違う。関西出身だからなのかな。言葉で説明するのは難しいけれど、微妙に違うんですよね。そういう人ってたまにいるから、もしかしたらこの本を読んでくれるみなさんにも想像できるかもしれませんが。

何がいいたいかというと、それってサッカーにものすごく影響するんです。一緒にプレーしていても、「この人とならば自分の色を出せる」と思わせてくれる。

やっぱり、サッカーはチームスポーツだから「誰と一緒にプレーするか」がとても大切で、サッカー観が近かったり、人間性が合うと思える人は間違いなくプレーしやすい。もちろん、プロのレベルや日本代表のレベルになれば、相手が誰であっても自分のプレーが大きく変わることはありません。でも、それってじつは「変えないように」と意識しているからです。それ以外にも「もっと自分を出さなきゃ」「負けてられない」とか、ほとんどの場合はなんらかの意識をもっていて、そういう意識は相手が誰かによって変わります。

でも、真司さんの場合は、そういう意識すら必要ない。ほんとうに楽な状態でプレーできる。パスがほしいタイミングでほしいと主張できる。お互いのプレーを通じて自然とコミュニケーションがとれる。そういう選手、じつはそれほど多くありません。

プレーヤーとしてのすごさについては、いうまでもないですよね。初めて代表に入って「うまい!」と思ったのは、真司さんと清武(弘嗣)さん。とにかくめっちゃうまい。テクニックはもちろん、周りの見方、感じ方、そういう部分の感覚がちょっと違います。真司さんがボールをもっているときに「とれる!」と思ってプレッシャーに行っても、あっさり逆をとられる。気配を消して近づいたつもりでも、なぜか必ず逆をとられるんです。

あの雰囲気は、一〇〇%の自信をもっていないと出せません。

サムライのリアル⑤ 意外と「普通」な長谷部さん

ハセさん（長谷部誠）について、みなさんはどういうイメージをもっていますか？

そもそもブンデスリーガで十年もプレーするのは、それだけでほんとうにすごいこと。サッカーそのものが違うし、世界中から選手が集まる場所だから競争も激しい。そのなかで何年もプレーしつづけるということは、それだけずっと成長しつづけているということです。たぶん、海外に来てダメになることのほうが圧倒的に簡単。いまのぼくはその難しさを痛いほど感じていて、海外に出て、ずっと結果を残している先輩たちはほんとうにすごいと思う。

日本代表では絶対的なキャプテン。昔からずっと「真面目」というイメージが定着しているから、ぼく自身もそういうイメージをもっていました。めちゃくちゃきちんとしていて、どちらかといえば寡黙《かもく》で、淡々としていて……。そう思っていたら、実際のハセさんはずっと〝普通〟でした。

もちろん、いつも声をかけてくれるし、めっちゃ優しいし、やっぱり真面目ではありますす。ただ、それとは別のキャラクターもあって、まず、やっぱり日本代表の選手はみんな我が強い。

ちょっとした笑い話になってしまいますが、以前の代表合宿でこんなことがありました。

自由時間にはそのときどきの流行りがあるみたいなのですが、一時期、みんなでよくカードゲームをやっていました。ぼくはそのゲームをやるのが初めて。ハセさんはそのゲームに詳しいけど自分は参加せず、なぜかぼくの後ろに座って〝戦況〟を見守っていました。教えようとする気もあったと思うし、「コイツ、どんなやり方をするんだろう」という興味本位もあったと思うんですけど……。

ぼくが「パス」を選択すると、後ろのハセさんが「えー！　お前、なんでパスなんだよ！」と。ルールさえよくわかっていないぼくが半信半疑でカードを出すと、「うわ！　それかよ！」と。もう、ワケがわからなくなってしまって、後ろからのプレッシャーに耐えられず、次から何をどうしていいかわからない。ぼくは心のなかでこう思いました。

「このゲーム、おれ知らんし、初めてなのに……。なんか、全然優しくない！　ハセさん、イメージと全然違うやん！　むしろおれのほうがハセさんに気を遣ってるやん！」

でも、この出来事を経て、なぜかぼくはホッとしました。完全無欠のリーダーに見えるハセさんに、意外と普通の一面があってよかった。

ハセさんはすごい選手です。すごいキャプテンです。だけど人としては意外と〝普通〟で、ぼくは一瞬戸惑いながらもなぜかホッとしました。ハセさんがぼくのことをどう思っているかわからないけれど、ぼくはめちゃくちゃリスペクトしています。これからもよろしくお願いします。

<<

サムライのリアル⑥　宇佐美くんは「空気を読む」

日本代表で自分と気が合うと思うのは、宇佐美（貴史）くんです。代表に入ったばかりのころ、お母さんにそのことを伝えたらこんなリアクションが返ってきました。

「えー！　どうなん？　宇佐美くん、怖いやろ⁉」

そんなことないよ、お母さん。宇佐美くん、めっちゃいい人や（笑）。でもまあ、一般的にはたぶんそういうイメージなのかもしれませんね。

ああ見えて、宇佐美くんはすごく人に気を遣うし、空気を読んで発言するし、状況に応じてキャラを演じたりします。ぼくもそこは意外に感じたところ。

でも、想像どおりはっきりとした〝自分〟をもっていて、イヤなことはイヤという し、ムスッとするときはムスッとする。もちろんそれは自分でわかっていて、ちゃんとコントロールしているんです。無思慮に感情を表に出す人じゃない。

「先輩には嫌われてもいいけど、後輩には嫌われたくない」といっていて、その考え方もすごく素敵だと思います。ぼくにとっては二つ上の先輩だけど、ほんとうにまったく気を遣わなくていい。まあ、そうはいっても、宇佐美くんは本質的に頭がいいから、わざと気を遣わせたりすることもあって、そこがまた面白いんですけど。

ハセさんについて「海外で十年以上プレーしつづけることはほんとうにすごい」と話しましたけど、逆の意味で、宇佐美くんもすごいと思います。

何度もいうとおり、こちらのサッカーと日本のサッカーはまったくの別ものだから、一度慣れてしまうと、どちらに適応するのも難しい。宇佐美くんは一度ドイツでプレーして、結果的にはうまくいかなくて日本に戻ったけれど、ぼくにいわせれば、戻ってすぐJリーグであれだけの結果を残すのなんて異常です。めちゃくちゃすごい。

他の人がどう感じているかわからないけれど、そういう意味では、たとえばJリーグで試合に出ていない選手でも、海外に行けば試合に出られるというケースもたくさんあると思います。どっちがいいとか悪いとか、レベルが高いとか低いとかの問題じゃない。サッカーそのものの性質が違うから、〝合う人は合う〟と思っていて、もしかしたら、今後はそういうケースも増えてくるかもしれません。

きっと、日本か、海外かという話ではないのかもしれませんね。「挑戦」という見方をする必要もないのかもしれない。自分に合うサッカーがどこにあるのか。それさえ見極めることができれば、活躍できる可能性がある場所は世界中にたくさんあるということだと思います。

だからこそ、Jリーグとブンデスリーガの両方にアジャストさせようとする宇佐美くんのチャレンジはすごい。Jリーグでの活躍がまた評価されて、もう一度ドイツに渡って。もちろん感覚は残っているかもしれないけど、またこちらのサッカーに感覚をアジャストさせるのもたいへんだったでしょう。いや、もう、あんなにうまい人が試合に出られないなんて、ぼくからしたら考えられません。

宇佐美くんは、ぼくが知っている選手のなかでは、飛び抜けたサッカーセンスの持ち主です。テクニックがずば抜けているだけじゃなく、ドリブルからシュートに持ち込むまでの仕掛け方、ボールのもち方、スピードの生かし方がめちゃくちゃうまい。あのドリブルは真似したいけど、ハイレベルすぎます。譬《たと》えるなら、ブラジル代表のネイマールは〝宇佐美系列〟の頂点にいる人。わかるかな。

宇佐美くんとは、一緒にプレーする機会を増やしたい。ひそかに意識しているし、存在自体がモチベーションです。

サムライのリアル⑦　プレーの幅がすごい興梠さん

「サッカーがうまい」といえば、この人は外せません。

浦和レッズの興梠慎三《こうろき》さん。ぼくはずっと前から「この人めっちゃうまい！」と思っていたけれど、リオデジャネイロ五輪でチームメイトになって「やっぱりめっちゃうまい！」と確信しました。ほんとうに、ずっと前から思っていたんです。「この人、なんで代表に入らへんのやろ！」と。

興梠さんはぼくと同じFWだけど、ピッチの上でぼくが表現できないことをすべて完璧に表現できる人です。

とくにポストプレーのうまさを評価されることが多いけど、それ以前に、プレーの選択肢がめちゃくちゃ多い。

絶好調なときって、時間がゆっくり進んでいると感じることがあります。相手がどっちの足を出すのかが見える。見えてからプレーを選択するから必ず逆をとれる。野球でもいいますよね。「ボールの縫い目まで見えることがある」とか。

ぼくもたまに、それを感じることがあります。一対一の状況で相手と向き合ったとき、相手が足を出す瞬間が見える。だからその前に触ってコントロールできる。そうじゃないときは周りが見えていなくて、つねに後手に回って焦ってしまう。一人かわすことができても、その次は見えていないから、コントロールしたボールをかっさらわれる。だから、見えているときは「これだ！」と思うし、「ずっと続けばいいのに」

と思うけれど、そうもいかない。たぶん、メッシなんてずっとその状態なんじゃないかな。

ぼくの予想では、興梠さんもつねにその状態。時間の流れが普通の一・五倍くらいゆっくりなんじゃないかと本気で思います。それだけプレーの選択に幅があるし、駆け引きがうまくて正確。相手がこう動いたから自分はこうするという感じで、判断に使える時間が長い。だからミスがない。

誰かに聞いたことがあるのですが、興梠さんは、サッカーだけじゃなく何をやってもうまいそうです。卓球をやっても、ゴルフをやっても。それも理解できます。とにかく器用だし、プレーに柔軟性がある。なかなか一緒にプレーすることはないけれど、どうしてあの人がずっと代表に絡めないのか、不思議で仕方ありません。

≪ サムライのリアル⑧ 個性とチームのバランス

代表においては、ぼくはいつも端っこのほうで先輩たちの様子を観察しています。

いつもワイワイとしたムードをつくっているのは、(吉田) 麻也さんや岡崎 (慎司)

さん、槙野（智章）くん。もちろん試合前はピリピリした雰囲気があるけれど、そのなかでも乾《いぬい》（貴士）くんや（原口）元気くんは、いつもマイペースでリラックスしている。

ぼくがいつも「面白いなあ」と思うのは、試合前のウォームアップ場です。準備の方法はそれぞれ。ボールを蹴る人、ストレッチする人、体幹トレーニングをする人、なんとなく準備している人。そこに個性が表れている気がして、ぼくは遠いところからそれを見る。

たとえば、乾くんや元気くん、（山口）蛍さん、（小林）祐希くんはずっとボールを蹴っている。ホントにずっとリフティングをしているけれど、みんな真剣に勝負しているからボールがあちこちに転がって、静かに準備している人の邪魔になることもある。ホントのところはわからないけれど、ぼくの目にはこう映ります。ストレッチしている槙野くんはちょっとイラッとしていて、自分のところにボールが転がってきてもとってあげない。麻也さんは黙々とストレッチしているけど、心なしか目が冷ややか（笑）。

ぼくはいつも一番にストレッチルームに行くので、部屋の端っこのスペースを確保します。そこでストレッチしながら全体を観察する。リフティングしている人たちを見て「やっぱりうまいなー」と思ったり、「うわ！　あっちにボール行った！」と思ったり。それでも楽しそうにリフティングしつづける人たちは全然気にしていないから、「あの人、そろそろ怒るんちゃう？」とちょっと期待してしまう（笑）。準備の仕方は人それぞれだけど、個人的には、他の人の邪魔にならないように準備するほうがいいんじゃないかなと（笑）。

日本代表の一員としてプレーしていると、やっぱり、それぞれに強い個性があって、みんなが自分をもっていて、そういう選手が集まってチームとして活動することの難しさや面白さを実感します。

たぶん、チームというのはいろいろな人がいるからこそ成り立つし、もし全員が同じキャラクターだったらバラバラになってしまう。いろいろな役割があって、それに適したキャラクターがあって、みんなが「自分は何をすべきか」を考えてその役割に徹する。それができて、初めてチームとしての力になる。

もちろん、個性を消す必要はないと思います。ぼく自身こう見えて、まあまあ我が強いし、前に出るようなタイプではないけれど、「自分は自分」と思っている。だから、わざわざチームに合わせる必要はないと思うし、みんなの言葉に耳を傾けながらも、自分らしくありたいと思っています。

一方で、チームに合わせること自体が個性である選手もいますよね。それも役割の一つだと思うから、そうやってバランスがとれていることが何より大切。活動時間が限られた代表チームだからこそ、難しいこともあるし、チームとして機能したときの面白さも大きい。やっぱり、できるだけ長くこの場所でプレーしたいと思います。だからこそ、選ばれつづけるように毎日を全力で取り組まないと。

サムライのリアル⑨　ハリルホジッチ監督へ

ワールドカップを二カ月後に控えた二〇一八年四月、ぼくを初めて日本代表に選出してくれたハリルホジッチ監督がチームを離れることになりました。ぼくは何かをいえる立場にはないけれど、チームでは最も経験が浅くて実力もたいしたことない自分を呼びつづけてくれたこと、大事な試合で使ってくれたことを心から感謝しています。

ハリルホジッチ監督とは、じつは一度も個人面談をしたことがありません。監督は合宿のたびに何人かの選手と個人面談をしていて、ほとんどの人が一度は話をしています。でも、なぜか、ぼくだけは呼ばれたことがない。

正直なところ、どうして代表に呼んでもらえるんだろうと思ったことは一度や二度じゃありません。所属チームでの状態もあまりよくない。この前の代表でもいいパフォーマンスを見せられなかった。それなのに、どうして今回も呼んでもらえるんだろう、と。

はっきりいって、選手としてのレベルは代表チームにおける底辺です。ほとんどいちばん下。日本代表を応援してくれているファンのみなさんのなかにも、疑問に思っている人がいると思います。結果を残していないから、「なんで浅野?」と思われても仕方がない。ぼく自身もそれを少しだけ気にしていました。

これはぼくの考えですが、たぶん、ハリルホジッチ監督のなかでは、ぼくに「できること」と「できないこと」が、かなりはっきりしていたんじゃないかと思います。代表に入りはじめたころの〝試す段階〟で、ハリルホジッチ監督はぼくの能力を把握し、「できること」と「できないこと」を見極めた。もし次の試合で「できること」が必要だと思えば招集する。その繰り返し。

ぼくにとっての「できること」は、唯一といっていい武器であるスピードや裏への抜け出し、動き出しです。そこだけは誰にも負けない自信をもっていて、たぶん監督はそれを理解してくれていた。〝唯一の武器〟を必要としてくれていたから、代表に呼びつづけてくれたのだと思います。

そう考えると、ハリルホジッチさんが監督を務める日本代表でぼくが表現するべきは、極端にいえば「それだけ」でした。その代わり、評価されていること、期待されていることは絶対にやる。価値を示しつづける。

ぼくにとっては代表に入り続けるための〝駆け引き〟でした。だからこそ、ワールドカップ出場を決めたオーストラリア戦では、スタメンで使ってくれた監督の期待に応えるため、自分の武器をフルに使って、なんとしてもゴールを奪いたかった。それ以外のプレーで何回ミスをしても、気にしている場合じゃなかった。

代表チームに限らず、監督と選手の関係は駆け引きの連続です。

この世界で生き残るため、レベルアップするためには、この駆け引きが絶対的に必要で、ぼくはつねに「監督が何を求めているか」を考えています。ハリルホジッチ監督に対しては、それをうまく表現できたと思うし、一度も面談に呼ばれないくらいだから、ぼくという選手の特徴を完全に理解してもらえたのでしょう。だからこそ、監督が求めていることは絶対にやる。誰よりも忠実にやる。それがモットーでした。

そういう意味では、監督が替われば代表に呼ばれる保証はいっさいありません。監督が替われば選手に求められることが変わるし、それを表現できなければ呼ばれる理由がない。それがなくても呼ばれるようになる唯一の方法は、メッシやクリスティアーノ・ロナウドのように、チームにおいて絶対的な存在になることです。そうなって、初めて監督に自分の意見をいえる。

もちろんぼくは、まだ一つの駒でしかありません。だから喜んで、監督の色に一〇〇％染まる。それ自体が、そのときのぼくのプレースタイルになるんです。

サッカー選手にとってのワールドカップ

ワールドカップは、「どのくらい大切？」と聞かれると難しいけれど、とにかく「絶対に出ないといけない」と思っているくらい、重要な大会です。サッカー選手にとっては、たしかに「ワールドカップがすべてじゃない」ともいえます。でも、サッカー選手なら誰もがピッチに立ってみたい舞台であることは間違いないし、ぼく自身もそう。そういう目標があるなら、ワールドカップをめざさない理由はありません。

ましてや、自分がそれに近づいているなら、自分に近づいていると実感しているならなおさら。自分の実力が足りていなくても、誰かに「ふさわしくない」といわれても、自分がその舞台に立つまであと一歩のところにいるなら、絶対にそれをめざさなきゃいけない。

ある意味、日本は恵まれていると思います。ブンデスリーガにはすごい選手がたくさんいるけれど、みんながワールドカップへの出場経験があるわけじゃない。ワールドカップで優勝を狙うような国ならメンバーに入るだけでもたいへんだし、そもそも厳しいヨーロッパ予選を勝ち抜けない国もたくさんある。それと比較すれば、日本はワールドカップに近いところにいると思います。だから、そのチャンスをみすみす逃すなんてありえない。

もちろん、サッカー選手という道を選んだ自分のためでもあります。ただ、ぼくは誰よりも家族、それから、支えてくれたいろいろな人のために頑張らないといけない。そういう人たちに恩返しをして、喜ぶ顔を見たい。それが正直な気持ちです。「自分のため」なら頑張れないかもしれないけど、ぼくの場合は「自分のため＝家族のため」ですから。

終章

人生を
全速力で
駆け抜ける

自分の武器を生かせる選手になるために

正直なところ、「足が速い」ことばかりをいわれるのがイヤな時期もありました。高校生のころは「速くていいよな」といわれることが悔しかったし、プロになってからは「速いだけの選手」と思われないように努力してきました。

でも、いまはまったくそういう感情がありません。自分で自分のことを「速いだけの選手」とは思わないし、周りの人が気づいていない武器をもっているという自信もある。

とはいえ、スピードが最大の武器であるという自覚は、もちろんあります。

それを消してしまうプレーの選択肢は、ぼくにはありません。もちろん、日本で通用したからといって世界で通用するとは限らないのは、こちらに来る前から想像していました。でも、ドイツに来て二シーズン、実際にプレーしてみて「やっぱり通用する」と感じています。

ドイツでは、パワーで対抗してくる相手には簡単にスピードを発揮させてもらえません。でも、だからこそ、逆に自分の武器をちゃんと生かせる選手にならなければいけない。たとえば、相手との駆け引きの質や動き出しの質、判断のスピード。パスを受けたらチームメイトに預けて走るのか、それとも自らターンして仕掛けるのか。その状況に応じた正解を探す判断の質とスピードを上げれば、ぼくの走るスピードはもっと強力な武器になると思います。

判断のスピードとは、自分にとって「一番」の選択肢をなるべく速く実行に移すスピードではありません。ある局面のプレーに対して複数の選択肢をもち、少しでも速く正解をチョイスすること。その質を高められるかどうかが、スピードを武器とする自分の選手としてのクオリティーを左右すると思っています。

たとえば――。

チームメイトからパスを受ける際、その瞬間の自分の状況を見極めて「自分の右側にトラップする」を一番の選択肢と判断します。もしその動きを相手に読まれたと感じたら、別のプレーに切り替えなければなりません。

二番の選択肢を「自分の左側にトラップする」、三番の選択肢を「相手に身体を預けてボールをキープする」、四番の選択肢を「背後のスペースに大きく蹴り出して走る」とした場合、この局面における正解はどれなのか。この答えを少しでも速く導き出し、正確に実行することが、「走るスピードの速さ」を生かすことにつながるのは、間違いありません。

もちろん、選択肢を増やす努力も必要です。自分のプレーに一番と二番の選択肢しかなければ、相手に読まれてボールを奪われる可能性は高くなります。三番、四番、五番と瞬時にいくつもの選択肢をもち、その判断スピードが抜群に速い選手は、やっぱり「サッカーがうまい」といえる気がします。

ジュビロ磐田の中村俊輔さん、ガンバ大阪の遠藤保仁《やすひと》さん、川崎フロンターレの中村憲剛《けんご》さんはその代表格。どんな局面でもほんとうにたくさんの選択肢をもっていて、それを選ぶスピードも速く、プレーも正確。選択肢が多いからこそ、プレーする姿から絶対的な自信を感じます。

＜＜ネイマールになることはできないけれど……

もしぼくに、俊輔さんや遠藤さん、憲剛さんみたいな選択肢があったら……。きっともっと楽に、もっと自信と余裕をもって「スピード」を生かせるでしょう。

ただ、ぼくは、ドイツに来てからあえて選択肢を減らすことで「スピード」を生かそうと考えました。圧倒的なパワーで勝負してくる相手に対して、ぼくにはそれほど多くの選択肢をもてる自信も余裕もない。だからいまは、よりシンプルな選択をすることで、〝次のプレー〟にスピードを生かそうと考えている。

もちろん、その場合にも自信は求められます。自信は経験によって得られるものでもありますが、ぼくは、自信そのものもその人がもっている先天的な「能力」であると考えています。ここまでこの本を読んでいただいたみなさんにはなんとなく伝わっていると思いますが……ぼくは根拠があるかどうかは別として、なぜか自信だけはあるんです（笑）。

むしろ、ずっと自信しかありませんでした。

サンフレッチェ広島では一年目からバリバリ試合に出ると思っていました。でも、いざ飛び込んでみたら、プレースピードがまるで違い、ミスだらけ。それでも「できない」とは思いません。できていないのに、「次は絶対にできる」と思う。

自信はあっても、余裕がなかったんだと思います。「パスが来たら絶対に抜ける」と思っているけれど、パスが来た瞬間に余裕がないからボールを奪われる。ただ、自信があるからパスを要求できるし、パスを要求しなければ経験を積めない。経験を積めば成功と失敗の感覚が蓄積されて、少しずつ余裕をもてるようになる。

だから、ぼくにとって自信とは、絶対に失ってはいけないもの。どれだけ自信をもてるかで経験値は変わるし、経験値の多さで余裕をもてるかどうかが決まる。すべての経験が余裕につながるとは限りません。でも、そうやって一つずつ階段を上れば、ただ平坦な道を歩くよりも着実に〝上〟に向かえる。

プロになる前も、プロになってからも、ぼくはほんとうに少しずつ階段を上ることができました。うまくいかないことばかりでも、自信だけは失わなかった。経験を積んで少しずつ心の余裕が生まれ、喉《のど》から手が出るほどほしかったゴールを奪うことができた瞬間、一気に世界が広がった。

だから、何があっても「絶対に無理」とあきらめたことはありません。

日本代表として対戦したブラジル代表やベルギー代表は、個人のレベルで比較すれば圧倒的な差がありました。それでもぼくは「絶対に勝てない」とは思わない。ネイマールにはなれないけれど、ネイマールと一緒にプレーできるなら自分だってブラジル代表に入れると思うんです。なぜなら、パスが出てくるから。

笑われてしまうかもしれませんが、ぼくはいつもそういう感覚でサッカーと向き合っています。難しいと思っても、無理とは思わない。ブラジル代表なんて死ぬ気でやっても届かない相手かもしれないけど、でも、絶対に届かないとは思いません。

自信が結果につながり、結果が説得力を生む

「自信」については、「説得力」とセットで考えています。

サンフレッチェ広島での三年目か四年目のこと。当時のぼくには、試合後のミックスゾーンやインタビューの際に答えることが、「すべて正解」であるという絶対的な自信がありました。なぜかというと、「結果」が出ていたからです。

そのことに気づいたのは、ドイツに来て〝いまの自分〟と向き合ってからでした。いまの自分、つまり結果を出すことができていないぼくが何をいっても、説得力がない。当然ですよね。一年を通じて一点しかとっていない選手が、子どもたちに「点をとる方法」を語っても説得力がない。胸を張って、自信をもっていうことはできません。

そんな〝いまの自分〟をあらためて認識したとき、広島時代のあのころは、ほんとうに圧倒的な自信をもつことができていたと思えました。何事も〝人それぞれ〟ではあるけれど、自分のいうことが絶対的な正解であると思えた。

この本をここまで読んでくださったみなさんは「え？」と思ってしまうかもしれませんが、いま、みなさんに対して堂々と話しているぼくには説得力がありません（笑）。ただ、何がいいたいかというと、説得力をもてるかどうかは結果によって左右されるということです。いまのぼくが何をいっても説得力がないかもしれないけれど、結果さえ残せば、同じ言葉が急に説得力を持ち始める。

だから、結果が出ても、出なくても、ぼく自身の考え方は変わりません。自分がいま向き合っていること、トライしていることは、必ず未来に結びつくと信じているし、成長できることに対する自信は変わらない。

トレーニング中、心のなかでよくつぶやきます。思わず声に出てしまうこともあります。「これでいいのか？」「もう一本やったほうがいいんじゃないか？」と。いまのぼくはそうやって自分と向き合いながら、自信を結果につなげるためにコツコツ努力を続けているところ。

必ず結果を残して、説得力ある自信をもてるようになるため、一つずつ積み重ねるしかありません。

だから、もしぼくが結果を出し始めたら、もう一度この本を読んでみてください。もしかしたら「なんか説得力あるな」と思ってもらえるかもしれません（笑）。

大切なのは「どこでスピードを上げるか」

「スピード」については、もちろん自信があります。それはドイツに来てからも変わらない。

ただ、ぼく自身は試合中に自分が「速い」と感じたことはあまりないんです。緊張しやすいから身体が硬くなったり、重くなったり、ふわふわとして地に足がついていない感覚に陥ったり。だからいつも「もっと速く走れるのに！」と思っているんですが、上から目線でポジティブに考えれば、相手に対して「この人遅いな」と思える（笑）。そういう意味でも、ただ「速い」といわれることは少し悔しい。ぼくは、もっと速く走れます。

緊張もなく、コンディションさえ万全なら、一～二メートル前に相手がいる距離感だったら「抜ける！」と思います。その時点で「勝った」と思いながらスピードを上げる。

そうやって相手を抜く瞬間の感覚は、何に似てるんだろう……。その表現は難しいけど、とにかく、〝抜き始め〟から〝抜き終わり〟にかけて「グン！」と伸びる感覚は自分でもあります。長い距離を走り抜ける快感よりも、すべてはその一瞬。自分でもその瞬間がいちばん速いと思っていて、いかにしてそれを増やすかが、選手としての生きる道を左右すると思います。

ただ、サッカーにおけるスピードは一つではありません。単純な速さだけじゃ通用しない。

これまでにも、ぼくと同じくらい速いと思える選手はたくさんいました。それでも「自分がいちばん速い」と自信を持ち続けられたのは、単純に速さだけに頼らなかったから。サッカーの場合、大切なのは五〇メートルや一〇〇メートルを走り抜ける速さではなく、「どこでスピードを上げるか」。我慢して、我慢して、相手に身体をぶつけながら並走して、パスを受けたチームメイトが顔を上げた瞬間に一気にスピードを上げる。または、いきなりトップスピードに上げて、急に止まる。

自分をマークする相手とどのくらいの距離を保っておけば、相手を油断させられるか。相手最終ラインまでの距離と相手ＧＫまでの距離がどのくらいあれば、〝裏〟のスペースに飛び込んでボールに触れられるか。そうやって状況に応じてスピードをコントロールするからこそ、シュートの局面で「速さ」が生かされるのだと思います。

相手との駆け引きについては、サンフレッチェ広島時代に（佐藤）寿人さんから学びました。それまでのぼくは、走って走って、加速しながらグンとスピードを上げる動き方をしていた。でも、サンフレッチェ広島に入ってからすぐに「やめろ」といわれました。「動き回るな。止まっておけ」と。最初は〝止まり方〟がわからなかったけど、寿人さんのプレーにヒントがたくさんあった。いかに相手を油断させるか、いかにムダな動きを減らしてスペースをつくるかについては、プロになってから少しずつ体得することができた気がします。

だから、ぼくは「ただ速い」だけじゃありません。もちろんその能力はまだ未熟だし、もっと質を上げなきゃいけない。でも、スピードの生かし方には自信があります。なぜならスピードは、ぼくが世界で勝負するための絶対的な武器ですから。

厳しい時期こそチャンスに反応できる準備を

いまブンデスリーガでプレーすることができているからいえるのかもしれませんが、まだプロになったばかりのころから「ワールドカップには絶対に出場したい」「出なきゃいけない」と思っていました。もちろん、当時の自分にとっては「非現実的」といわれても仕方のない願望であり、夢です。ただ、それでも走ることをやめなければ「きっと現実的に感じられる日が来る」と信じていました。

サンフレッチェ広島で試合に出られなかったその時間を、ぼくは「我慢のとき」と捉えていました。できないことがたくさんある。経験ある先輩たちがたくさんいる。プロとして生き残ることの厳しさを知る。試合に出られなければモチベーションを維持するのは難しい。

でも、そこで走るのをやめてしまったら、最高のパスが出た瞬間に相手の裏に走り込むことはできません。なんらかのタイミングでチャンスがめぐってきたときに、最高のスタートを切れません。我慢することがキツくて「次のタイミングでいいや」と思っていたら、〝次〟のパスは来ないかもしれません。

シュトゥットガルトでピッチに立てない状況もそれと似ています。

試合に出場できない、メンバーにも入れない時期はたしかに厳しい。でも、その時期を次のチャンスに反応するための「準備」と捉えれば、ネガティブに考える必要はありません。

チャンスは「最高のパス」だと考えます。

ぼくはいま、それに反応するための助走のランニングをしていて、相手を置き去りにするスプリントのタイミングを待っている。一気にスピードを上げるためには、相手を置き去りにする駆け引きや準備が必要です。だから準備を怠ることはない。

これも結果論ですが、サンフレッチェ広島時代のぼくは、そういう準備がしっかりできていたから結果を残せたという自負があります。その瞬間の競走でぼくよりずっと前を走っている人がいても、心のなかでは「一年後、見とけよ」と思うことができた。最高のタイミング、最高のパスが来たときに、そのチャンスを摑んで全速力で追い抜く。それができる自信をもっていたし、それだけの準備を重ねてきました。

自分の前に走っている人がいるなら、追い抜くための準備を続けるだけ。でも、いつか必ず追い抜きます。トップスピードに乗ることさえできれば、スピードでぼくに勝てる人はほとんどいませんから。

ぼくはいま、自分の人生を駆け抜けている

さて、この本もいよいよ終わりに近づいてきました。

いろいろ考えたりするのはとても楽しいので、ここでもう一度頭をフル回転させて「走る」と「人生」について〝うまいこと〟をいってみようと思います（笑）。

ここまでいろいろなことをお伝えしてきて、そもそも「走る」とは何だろうと考えました。どのスピードからが「走る」で、どのスピードからが「ジョギング」で、どのスピードからが「歩く」なのか。そう考えると、「走る」ことの定義は人それぞれに異なる気がします。

ただ、誰にでも当てはまる共通項もあります。それは「走る」ことは、一人では定義できないということ。誰かが歩いているから自分が走っていると感じるし、走るのがめちゃくちゃ速い人がいるから自分が遅いと感じる。

走ることの意味や定義は人それぞれだけど、それは、自分以外の誰かがいないとわ

からない。「歩く」を①、「ジョギングする」を②、「走る」を③とした場合、比べる人がいなければ、①も②も③も定義づけできないと思うのです。まずはここまで、〝うまいこと〟をいえている気がします（笑）。

ぼくは、人生を走っています。

周りには支えてくれる人、応援してくれる人、見守ってくれている人がたくさんいて、そういう人がいるからこそ「走っている」という実感をもてる。「もっと走らなきゃ」と思える。

実際にグラウンドの上を走ることも同じです。子どものころから、走る速さを比べる対象としての兄弟や友だち、ライバルがいて、誰にも負けたくないという思いで速く走ろうとする。誰よりも速く走って、ゴールしたい。そういう思いで、ずっとサッカーを続けてきました。

自分よりもうまい選手はたくさんいました。

でも、ぼくには彼らの背中を追い越せる自信があって、「コイツのほうがうまいからサッカーをやめよう」とは思わなかった。走ることをやめようとはしなかった。

いつか見とけよ。何年後かわからないけど、後ろを振り返ってしまう時期もあったけど、必ず追い抜く。全力でスプリントする瞬間を待って、追い抜くタイミングをうかがいながら我慢しつづけることができたのは、プロになってからも変わりません。「人生を走る」という意味では、いまのぼくは人から見れば「ジョギングしてんのか？」と思われるかもしれません。「もっと本気で走れ！」と思われても仕方ないかもしれません。

でも、ぼくのなかでは、いまもちゃんと走っています。サンフレッチェ広島でプロになったばかりのころと同じ。ぼくの前にはたくさんの選手がいる。ドイツに来て、日本では見たこともない〝速さ〟の選手もいる。十代にして最前列まで駆け上がる選手もいるし、大ベテランでも先頭集団に食らいつくすごい選手もいます。

だからぼくも、我慢して、我慢して、彼らの後ろにピッタリとついて走ります。他人の目にはジョギングに映っても、ぼくにとっては全力。でも、いまの全力が未来の全力、サッカー人生そのものの全力ではないことを証明するためにも、必ず追い抜かなきゃならない。

だから、見ていてください。肉離れしないように、レーンを外れないように、自分なりの全力で、ぼくは走り続けます。

おわりに

数年前に母校である四中工を訪問した際、生徒のみなさんにお話をさせてもらう機会をいただきました。四中工のサッカー部員だったころ、ぼくは感謝の気持ちをもってサッカーをやっていた。だから、みんなにもぜひ感謝の気持ちをもって頑張ってほしい。そんな話をさせてもらいました。

まだ高校生だから、素直に「感謝？」と少し疑問の表情を浮かべる生徒もいました。その様子を見たぼくは、話しながら思わず考えてしまった。

「たしかに、どうして感謝の気持ちをもたなければいけないんだろう？」

あらためて考えてみると、誰に、何を、なぜ感謝するべきなのだろう。

誰だって、誰かの支え、誰かの存在がなければ生きていけません。そもそも両親がいなければ自分はこの世に存在しないし、友だちがいなければ遊ぶこともできない。先生がいなければ勉強することも、学校がなければ部活に励むこともできません。

自分の周りを見渡すとほんとうに多くの人がいて、直接的であれ、間接的であれ、必ずその人たちに支えられていることに気づきます。その人たちがいるからこそ、生きて、食べて、遊んで、勉強をして、好きなスポーツを楽しむことができる。だから、支えてくれている人たちに感謝するのは、ある意味、当たり前のこと。

本物の「感謝」の気持ちは、自分のエネルギーに変わります。

口先だけの言葉ではなく、本物の「感謝」は相手に対して「恩返し」をしたいと思える。ぼくは試合に勝って、ゴールを決めて、喜びを与えて恩返ししたい。だから、ゴールを決めるために練習する。

そうやって「感謝」と「恩返し」を結びつけると、本物の感謝の気持ちは、自分にとって大きなエネルギーになります。だから頑張れる。頑張るということは、結局、自分のためになる。高校生を前に話しながら、そんな考えが頭のなかでまとまって「なるほど」と納得できたんです。

「二十三歳のガキが偉そうに」と思われるかもしれないけど、ぼくは、十代の子どもたちほど感謝することの意味を知ってほしい。いま、なぜ自分はサッカーができて、全力で頑張れるのか。きっとそれは心のなかに感謝の気持ちがあるからで、それを感じられればもっと頑張れる。この解釈は、決して間違ってはいないと思います。

もちろんぼくも、これからも感謝の気持ちをもちながらピッチに立ち続けます。応援してくれる人、支えてくれる人たちに恩返ししたい。だからゴールを決めて、試合に勝って喜んでもらいたい。それがまた、ぼくのエネルギーになるわけですから。

ここまで読み通していただいたみなさん、ありがとうございました。この場を借りて、お礼をいわせてください。

代理人業務とマネジメント業務を担当してくださっている株式会社ジェブエンターテイメントのみなさん、この本を制作・発行してくださった株式会社KADOKAWAの藤岡岳哉さん、二人三脚で伴走してくれたサッカーライターの細江克弥さん、ほんとうにありがとうございました。

それから、ぼくにかかわってくれているすべてのみなさんにも、あらためて感謝を捧げます。もう少し待っていてくださいね。絶対に恩返ししますから！

浅野拓磨

二〇一八年四月

浅野 拓磨（あさの・たくま）
1994年三重県生まれ。2013年に四日市中央工業高校を卒業後、サンフレッチェ広島に入団。Jリーグアウォーズ2015ではベストヤングプレーヤー賞に輝く。2016年7月、プレミアリーグ・アーセナルFCに完全移籍。同年8月、ブンデスリーガ2部（当時）のVfBシュトゥットガルトへ期限付移籍し、現在に至る。2015年7月にはサッカー日本代表に初選出。30mを3.67秒で駆け抜ける圧倒的なスピードを武器に「ジャガー浅野」の愛称で知られる。

編集協力／細江 克弥
協力／株式会社ジェブエンターテイメント
カバー写真／千葉 格
帯写真／©Minden Pictures/amanaimage
装丁／西垂水 敦（krran）
本文デザイン／二ノ宮 匡
DTP／有限会社エヴリ・シンク

考《かん》える《が》から速《はや》く走《はし》れる
ジャガーのようなスピードで

2018年 5月11日　初版発行
2022年12月10日　再版発行

著者／浅野《あさの》 拓磨《たくま》

発行者／山下 直久

発行／株式会社KADOKAWA
〒102-8177　東京都千代田区富士見2-13-3
電話 0570-002-301（ナビダイヤル）

印刷所／株式会社暁印刷

製本所／本間製本株式会社

●お問い合わせ
https://www.kadokawa.co.jp/（「お問い合わせ」へお進みください）
※内容によっては、お答えできない場合があります。
※サポートは日本国内のみとさせていただきます。
※Japanese text only

定価はカバーに表示してあります。

ISBN 978-4-04-602216-5　C0075